KB239559

진인진

대리기사 이야기

진인진

대리기사 이야기

초판 1쇄 발행 | 2023년 1월 15일

지은이 | 우한기
기   획 | 이창우, 김동규, 우한기(민주시민교육원 '나락한알'-서발턴 기록자)
일러스트 | 이창우
편   집 | 배원일, 김민경
발행인 | 김태진
발행처 | 진인진
등   록 | 제25100-2005-000003호
주   소 | 경기도 과천시 별양상가 1로 18 614호(별양동 과천오피스텔)
전   화 | 02-507-3077-8
팩   스 | 02-507-3079
홈페이지 | http://www.zininzin.co.kr
이메일 | pub@zininzin.co.kr

ⓒ 우한기 2023
ISBN 978-89-6347-541-7 03300

목차

· · · ·

시작하는 글

연말연시를 맞은 요즘 부산·울산·경남지역 대리기사들이 모이는 카드라이버 부산·울산·경남 대리운전기사밴드('카부기밴드')에서 가장 흔하게 보는 글은 '콜이 말랐다'는 것이다. 경기가 어려워지면서 술 마시는 사람이 줄어든 데다 콜 운임료도 낮아졌는데, 그마저도 거의 없다는 것이다. 보통은 연말이면 대박이 터지는데 2022년 연말은 그런 것도 없었다. 쉼터에 드나드는 대리기사들도 연신 한숨을 내쉰다. 일이 없어서 아예 쉼터에 눌러앉는 기사들도 꽤 있다.

"작심삼일이라고 연초 사흘은 술 끊겠다고 결심하는 분들이 많아서 콜이 아예 없어요. 이 3일이 지나면 좀 생기려나 기대를 해봅니다."

어려운 가운데서도 삶을 이어 나가야 하는 한 대리기사의 바람이다.

'플랫폼'과 관련한 책들이 꽤 많이 나왔다. 준비하면서 상당한 도움을 받았다. 그런데 아무리 뒤져봐도 대리기사들 이야기가 보이지 않았다. 대리운전은 출판에서도 별로 눈길을 끌지 못하는 '비인기' 종목인 셈이다.

무엇보다 시민사회나 여론이 대리운전에 무관심하다. 상당수 시민들이 대리운전을 경험하지만, 정작 운전자들은 '투명인간'에 가깝다. 대다수 플랫폼 노동자들이 그렇기는 해도, 대리운전은 상대적으로 대면시간이 긴데도 정작 대리기사의 삶에 관심을 갖는 경우는 극히 드물다. 그저 '돈 받고 내 차를 목적지까지 운전해주는 사람'일 뿐이다. 택배나 배달노동자들과 비교하면 이상할 정도다. 이들 노동은 대리운전보다 더 얼굴을 마주하기 힘든데 사회적 관심은 더 끌고 있다. 그에 따라 처우를 개선하는 법과 제도적인 논의도 상대적으로 활발하다. 그런 사실이 글을 쓰는 이에게는 상당한 부담이 되었다. 더 잘 알려야겠다는 책임감이 생긴 것이다.

이 책은 주로 부산·울산·경남지역 대리기사들의 노동과 일상을 소개한다. 그렇더라도 지역에만 국한되는 것은 아닐 것이다. 각 기관이 조사하여 발간한 몇 개의 보고서를 토대로 대리기사들과 인터뷰하여 그 구체적인 현실을 알리고자 했다. 조사기관이 어디든 무관하게 실태조사 결과는 대부분 비슷하다.

보고서들이 내린 결론은 크게 다섯 가지를 알려 준다.

1) 열악한 수입구조
2) 위험한 노동환경
3) 강화된 노동통제
4) 불안한 고용안정
5) 취약한 노동환경

여기에 부산의 현실을 하나 추가하면, 6) 무너지는 노동조직을

들 수 있다.

'열악', '위험', '불안', '취약'이라는 수식어들은 대리기사들이 처한 현실을 고발한다. 실제 인터뷰에서도 그 실상을 생생하게 알 수 있었다. 그런데도 많은 노동자들이 대리운전을 하고 있다. 단지 '목구멍이 포도청'이어서일까? 그 삶에는 아무런 희망도 없는 걸까? 현실을 탈피하려는 노력을 하지 않는 걸까, 아니면 못하는 걸까? 근본으로 들어가, 누구나 자유롭게 접근할 수 있다는 플랫폼이 왜 이들에게는 착취 구조가 되는 걸까? 형식으로서가 아니라 실제로 고객과 대리기사가 대등하게 어울리는 공동체를 만드는 데 플랫폼을 활용할 방안은 없는 걸까?

이런 의문들은 하나의 질문으로 모였다. 결국 이 모든 걸 좌우하는 것이 플랫폼 시스템일 텐데, 과연 이 시스템의 무엇이 어떻게 대리기사의 삶에 구체적으로 작용할까 하는 것이다. 이론적으로만 접근할 것이 아니라 실생활에서 작동하는 시스템을 파악하고자 했다.

10여 명의 내리기사들을 인터뷰하고 좌담회를 통해 실태뿐 아니라 노동 과정에서의 다양한 에피소드, 일상생활, 그리고 희망을 찾으려는 몸짓 들을 들었다. '열악한 노동자들'의 현실을 고발하는 데 그치지 않고, 대리기사들의 삶에 주목하고자 했다. 객관적 지표나 통계가 보지 못하는 생활을 드러내어 '시민동료(이웃)인 대리기사'를 소개하는 데로 나아가고자 했다.

글에 나오는 조사들과 관련하여 미리 일러둘 것이 있다.

각 보고서마다 노동 참여 인원, 노동시간, 수입과 비용, 노동

통제 등에서 조사 결과가 다르다. 이는 노동시장에 '자유롭게 출입'하고, 업체나 프로그램에 중복 등록한 기사가 많으며, 전업과 비전업(알바 또는 '투잡')의 경계가 모호하고, 조사항목 내용에 무관심하거나 모르는 경우가 많으며, 대리기사마다 목표 수입에 맞춰 '자유롭게' 노동하는 점 들이 작용하기 때문에 생기는 일이다.

무엇보다 알고리즘이 기사들의 시공간을 장악하여 생기는 시공간 경계의 모호성이 크게 작용한다. 우선은 노동시간과 쉬는 시간의 경계가 모호하다. 그러다 보니 노동시간을 묻는 질문에 기사마다 전혀 다른 답변을 내놓기 일쑤다. 엄연한 노동시간인 대기시간을 넣기도 하고 빼기도 한다. 일정한 장소 없이 떠돌아다니면서 일하기 때문에 사적 영역이라 할 만한 것이 없다. 그것이 더더욱 시간 개념을 모호하게 만든다.

그래서 정확한 통계나 숫자를 제시하는 것은, 그 객관적 지표를 확정하지 않는 한, 거의 불가능하고 대부분 보고서의 통계는 '추정'일 수밖에 없다. 이를 감안하여 정확도보다 추이나 전체 동향을 살피면서 그 흐름에 따른 노동자들의 삶과 변화에 주목했다.

이 책은 '사무금융우분투재단' 프로젝트의 일환으로 민주시민교육원 '나락한알'이 진행한 사업의 결과물이다. 후원에 감사드리고, 책을 더 좋게 만들려는 욕심 때문에 해를 넘긴 점에 양해를 구한다.

무엇보다 인터뷰에 응해주신 분들께 감사드린다. 고윤상, 김삼철, 김철곤, 문도환, 변동승, 송인권, 신동석, 이미영, 이산호, 정근,

하남성 님들과 여성 대리기사 간담회에 참석하신 분들에게 이 책이 조그마한 보답이 되길 바란다.

이 책은 크게 대리운전 실태와 플랫폼 시스템, 그리고 대리기사의 삶으로 나뉜다. 굳이 순서대로 읽을 필요는 없다. 눈길 끄는 것을 먼저 보더라도 별 상관없다. 모쪼록 이 작은 책이 시민에게는 대리기사의 삶에 관심 갖는 계기가, 대리기사에게는 힘든 노동에 대한 위로와 나은 미래에 대한 희망이 되기를 바란다.

2022년 1월 4일
우한기

제1장

시급 6,716원짜리 노동자

대리운전, 누가 왜 할까

남성 씨는 표정이 밝고 목소리에 힘이 있었다. 나이를 물으니 예순셋이란다. 깜짝 놀랐다. 10년 이상은 젊어 보였다. IMF 이후부터 지금까지 대리운전을 하고 있단다. 족히 20년은 했을 테니 나름 노하우도 생기고 해서 저리 여유가 있으려니 했다. 이 생각은 얼마 가지 않았다.

남성 씨는 젊었을 때 입시학원을 운영했다. 부인은 유치원 원장이었다. 부부가 나름 한가락씩 했으니 어려운 일은 없었을 것 같은데, 시절이 이 부부를 내버려 두지 않았다. IMF가 닥치고 부부는 나란히 주저앉아 버렸다. 사업하는 친구 빚보증한 게 잘못돼서 무려 30억을 떠안게 된 것이다. 그로부터 10년 동안 이사를 17번, 전세로, 월세로, 했다.

"삶의 방향이 보이지 않더군요. 너무 힘들어서 아내와 동반 자살할 생각을 하고 한 달만 기도해보자 했죠."

'기도'로 알 수 있듯, 남성 씨 부부는 기독교 신자다. 그런데도 자살을 생각할 만큼 빛 한 자락 보이지 않는 나락에 처박힌 것이다. 아들은 처형한테 맡기고 우리는 죽자, 하던 중 아내가 갑자기 몸이 이상하다고 한다. 셋방 주인아주머니한테 돈을 빌려서 병원에 갔다. 아이가 들어섰다고 한다. 15년 전에 아들 낳고 임신 불가 판정을 받았는데, 느닷없는 아이가 생긴 것이다. 있는 생명을 버리려던 차에 새 생명이 찾아왔다. 한 달만 기도해보자 했는데, 아무래도 다시 살라는 뜻이 아니겠는가. 살기로 했다. 그 '생명의 은인' 딸아이가 벌써 스물두 살 대학생이라며 벙긋 웃는다.

그때부터 눈물겨운 구직 활동이 시작됐다. '벼룩신문' 구인 광고 보고 천 군데 넘게 원서를 넣었다 한다. 설마 천 군데까지야 싶지만, 그만큼 열심히 찾았는데 아무 데서도 받아주질 않았다. 마지막으로 찾아간 데가 대리운전 회사였다.

"결국 '오천콜'(당시는 '시티드라이브'였죠)로 갔죠. 처음엔 많이 긴장했어요. 제가 술 담배를 일절 안 하는데, 취객한테 돈 달라고 할 수 있을까 싶어서요."

걱정과 달리 대화가 통했다. 첫날 일은 사하에서 해운대까지. 부산 서쪽 끝에서 동쪽 끝까지다. 요금은 1만9천 원, 2000년대 초반 대대적으로 '1만 원대 콜'이라고 광고하던 것 중 최고액이었다. 그래도 손님은 5만 원 정도를 챙겨주었다. '왜 이렇게 많이 주시냐?' 하면 손님이 거꾸로 고맙다고 인사를 했다. 당시에는 택시기사들한테 콜을 부르는 경우가 많았다. 그러면 왕복 택시비로 10만 원을 내야 하는데 5만 원이면 절반밖에 되지 않으니 그럴 만했다. 그렇게 몇 만 원 현찰을 들고 집에 왔다. 아내한테 그 돈을 내보이는데 천 원짜리 하나가 없어서 비참하던 시절이 절로 떠올랐다. 부부가 손잡고 펑펑 울었다 하는 남성 씨 목소리가 갈라진다.

1964년생 동석 씨는 살짝 들뜬 표정이었다. 그럴 것이 묵은 빚을 드디어 청산한 것이다. 얘깃거리가 꽤 많을 것 같다.

동석 씨도 남성 씨와 비슷한 경로로 대리운전을 시작했다. 사기를 당해서 빚 2억 폭탄을 맞고, 그것 해결하느라 잘 다니던 직장 일도 작파하고 1년가량 헤매다가 가정까지 파탄을 맞았다. 지금 20대 중반인 딸과는 그때 이후로 여태 얼굴을 보지 못 한다. 딸에게 가장 미안하다.

폐인이 되다시피 해 어머니 집에 얹혀살던 때 주머니에 천 원 한 장이 없었다. 밥에 김치 하나로 연명하는 생활이 6개월쯤 지나던 때, 교회 장로님이 집으로 찾아왔다. 이대로는 망가진다며 콜 프로그램 깐 전화기를 내밀더니 손을 잡고 '트리콜' 대리운전 사무실로 데려갔다. 그렇게 대리 시작한 지 만 10년이 됐다.

첫날 현금 7만 원을 손에 쥐었다. 잘 나가던 때 직장에서 받던 월급에 비할 바 아니지만, 생명줄을 잡은 것만 같았다. 당장 제대로 된 밥을 먹고 덥수룩한 머리를 깎았다.

"거울 속 내 모습이 달라져 있더라고요. 밀린 관리비 내고 고생시킨 어머니 용돈 드리고 했죠."

삶이 유지기 되니까 이 삶을 놓칠 수가 없었다. 다른 일 모두 잊고 1, 2년을 죽기 살기로 매달렸다. '트리콜'이니까 특히. 나중에 보겠지만, '트리콜'은 열심히 하지 않을 수 없는 시스템을 갖고 있다. 정오부터 새벽 1시 30분까지, 잘 되면 더, 하루 13시간 이상 일했다. 매출 600만 원 이상을 찍었다. 순소득이 450만 원 이상이었고, 많게는 550만 원까지 올리기도 했다. 기사들 대다수가 그렇듯이 초반 '끗발'은 오래가지 못한다.

나이가 50대 이상인 경우라면, 대리운전을 전업으로 삼는 노동자들이 이 일을 시작하게 된 계기는 남성 씨나 동석 씨와 얼추 비숫하다.

그전에는 식료품 납품업을 했어요. 친정어머니가 큰 병에 걸렸는데 간호할 사람이 저뿐이라 할 수 없이 사업을 접었죠. 어머니 병간호하면서 시간이 자유로운 일을 찾다가 광고 보고 시작하게 됐어요. 주위에서 '막장 직업'이라면서 많이들 말렸죠. 그래도 나이 든 여자를 받아주는 데가 어디 있나요? 이젠 아이도 다 커서 직장도 다니고, 전 괜찮아요. 워낙 운전하는 걸 좋아하기도 하고요. (65년생 미영 씨)

여기까지 절박한 처지에 내몰린 분들 얘기였다. 이 대목에서 젊은 대리기사들은 어떨까 궁금해졌다. '젊다' 해도 상대적으로 그렇다는 거지, 이미 40대 초반은 된다. 상당한 기대를 품고 도환 씨를 만났다. 처음 봤을 때 20대 후반에서 30대 초반쯤으로 보였다. 마흔두 살이라는 얘기 듣고 정말 놀랐다.

"정말요? 전 30대 초반 정도를 봤는데 엄청 젊으시네요. 동안이에요."

"하하, 마스크 쓰고 있어서 그렇습니다."

유쾌하다. 시종 자신감 넘치고 막힘이 없다. 도환 씨는 29살인가 30살 때부터 대리기사를 시작했다. 처음에는 '투잡'(부업으로 대리 뛰는 걸 '투잡'이라 한다)으로도 하고 본업으로도 하다가 지금은 전업으로 뛴다. 중간 중간 비는 시간에는 음식배달도 한단다.

이 일 하기 전에는 유통업에 있었다는데, 별로 맞지 않고 운전을 좋아하기도 해서 별 고민 없이 손쉽게 시작했다. 돈은 별로 안

되지만 크게 힘들지도 않고 해서 재밌었다. 이 동네에서는 '젖는다'
는 표현을 쓰는데, 대리운전에 빠져들면 다른 일, 특히 직장 생활하
기가 너무 힘들다고 한다. 시간을 자유롭게 쓸 수 있고, 노동시간에
비례해서 수입을 올릴 수 있다. 몸이 힘들면 좀 쉬면서 운동도 하다
가 컨디션이 회복되면 복귀하기도 쉽다. 일종의 베이스 직업인 셈
이다. 10년 이상 나이 먹은 '형들'에 비하면 심각한 고민 없이 시작
해서 무난하게 잘 적응한 것으로 보인다.

실례인 줄 알면서도 궁금해서 결혼은 했는지 물어봤다. 결혼은
커녕 연애도 20대 초반, 군대 가기 전에 해본 게 다란다. 연애 안 한
지 20년이 넘었고, 앞으로도 별 생각이 없단다. 진정 '자유로운 영
혼'이다.

"혼자니까 특히 이 일이 맞을 수도 있겠습니다?"

"그렇죠, 예, 많이. 내가 돈을 많이 쓰는 것도 아니고, 혼자면
베이스만 깔려 있으면은 나머지가 좀 자유로운 게 훨씬 낫다, 그렇
게 생각할 수도 있겠고요. 아무래도 가정 있는 경우와는 다른 것 같
아요. 오늘 못 타면 내일 열심히 하면 되지, 이렇게 여유 있게 할 수
있으니까요."

처음 대리기사 시작할 때 또래는 아예 없었다고 한다. 지금은
투잡으로 하는 비슷한 연령대들이 좀 있는 것 같은데, 전업으로 하
는 기사 중에서는 또래를 찾기가 어렵다. 알고 지내면서 밥 같이 먹
는 기사들이 서너 명 있는데 대부분 10살 이상이다.

도환 씨는 아침에 한두 콜을 타고 낮에 도보로 간단한 배달을
하고 저녁 6시부터 12시나 1시까지 대리운전을 한다. 서면에 오피
스텔을 얻어서 지내는데, 일 없을 때는 집에서 쉰다. 대체로 오전

11시부터 콜 대기 상태다. 그러니까 서면 중심가에 본거지를 두고 콜이 뜨면 일을 하는 흐름이다. 도환 씨가 생각하는 '자유'가 내가 생각하는 그것과는 다른 것 같지만, 누구 못지않게 활기차게 사는 것만은 분명하다.

'누구나', '하고 싶을 때' 하는 일?

몇 대리기사들의 인터뷰를 소개했다. 다른 기사들은 어떤 이유로 대리운전을 선택한 걸까 궁금해서 조사보고서들을 찾아보았다. 대리기사들만 따로 조사한 것은 거의 없었고(⑤는 대리운전 노동자 대상), 대개 플랫폼 노동자 전체를 대상으로 한 조사들이었다. 그 조사들에서 대리운전 노동자들만 따로 추릴 수 있는 것은 추려서 통계를 내보았다. 선택지에 따라 차이가 있지만, 여러 보고서에서 다수가 선택한 항목은 다음과 같다.

① 부산연구원(2020) - 대리운전
다른 일을 하고 싶지만 구하지 못해서(47.0%), 일하는 시간을 자유롭게 선택할 수 있어서(17.4%), 플랫폼 일을 구하기 쉬워서(14.8%)

② 국가인권위(2019) - 플랫폼(복수응답)

일하는 시간을 자유롭게 선택할 수 있어서(약 400명), 다른 일을 하고 싶지만 못 구해서(약 230명), 일거리를 구하기 쉬워서(약 180명)

③ 고용정보원(2018) - 대리운전
생활비 등 당장 수입이 필요해서(51.0%), 일거리를 구하기 쉬워서(15.7%),

④ 서비스연맹(2019) - 플랫폼
일거리를 구하기 쉬워서(39.6%), 일하는 시간을 자유롭게 선택할 수 있어서(23.3%)

⑤ 부산이동노동자지원센터(2021) - 대리운전
일자리를 구하기 쉬워서(42.1%), 일하는 시간을 자유롭게 선택할 수 있어서(39.6%)

순위는 다소 다르지만, 대체로 '일자리(일거리) 구하기 쉬워서'와 '일하는 시간을 자유롭게 선택할 수 있어서'가 빠짐없이 상위권을 차지한다. 이 결과를 보면 '누구나' '하고 싶을 때' 자유롭게 일할 수 있다고 광고하는 플랫폼 기업이 맞는 것 같다. 그 말이 맞는지를 판단하려면 '누구나'와 '하고 싶을 때'를 따져야 한다.

한 대리업체 광고. '모두 다'와 '자유롭게'는 대리운전 광고의 단골 문구다.

구매자가 전화나 인터넷으로 호출(콜)하고 판매자가 그에 응하여 성립하는 사업 모델을 '호출형 플랫폼'이라 한다. 대리운전, 배달대행(라이더), 퀵서비스 들이 대표적이고, 화물 운수와 택시 운전이 급격히 이 플랫폼으로 이동 중이다.

호출형 플랫폼 노동에서 전업 대리기사들의 평균 연령은 대부분 조사에서 최고령에 위치한다. 국가인권위(2019) 조사를 보면 플랫폼 노동자 중 가사돌봄(55.4세) 다음으로 대리운전(50.3세)이 높다. 내가 인터뷰한 대다수 기사들이 50대 중반 이상이고 마흔두 살 도환 씨가 전업 대리기사 중 가장 젊은 축이다. 평균수입은 호출형 가운데서 하위다.

대리운전과 배달 라이더는 특별한 기술 없이 운전만 할 줄 알면 할 수 있는 일이다. 운전을 포함한 기술을 익힐 기회가 적었던 젊은이들은 라이더를, 오랫동안 쌓은 기술과 노하우를 써먹을 수 없게 된 나이 든 사람들은 유일하게 남은 운전 기술을 쓸 수 있는 대리운전을 주로 선택한다. 인터뷰에서 봤듯이, 전업 대리기사들 다수는 다른 일을 하다가 실패하거나 은퇴하고, 열심히 구직 활동을 한 끝에 막장에 내몰려서 대리운전을 선택한다. 수십 년 사회 생활하면서 쌓은 나름의 지식과 기술, 인간관계 들이 무용지물이 된다.

따라서 '다른 일을 하고 싶지만 구하지 못해서'와 '일자리를 구하기 쉬워서'는 사실상 같은 말이다. 천 군데에 원서를 넣었던 남성 씨처럼 아무리 다른 일을 하고 싶어도 대리운전 말고는 받아주는 데가 없다. 대리운전은 절박한 지경에 내몰린 사람에게 마지막으로 남은 유일한 일인 것이다. 그런 점에서 미영 씨가 이웃에게서 들은 '막장 직업'이라는 말은, 그저 낮잡는 말이 아니라, 일리가 있다.

'누구나'는 '아무나'로 바꾸어도 무방하다. 처음 시작하는 대리기사 다수가 아무나 할 수 있는 일에 내몰렸다는 자괴감에 시달린다.

처음엔 참 적응하기 힘들었어요. 취객을 응대하는 것도 자주 듣는 하대도 굴욕적이었죠. 한번은 손님으로 아는 후배를 만났는데 둘 다 당황했어요. 대리요금으로 10만원 수표를 내밀더라고요, 며칠 동안 자괴감에 시달렸어요. 후배는 좋은 뜻이었겠지만, 동정받는다는 느낌을 떨칠 수 없었습니다.(63년생 철곤 씨)

처음 1, 2년은 갈등이 많았습니다. 상상도 못했던 갑질에, 이전과 다른 내 모습을 보면서 괴리감이랄까 정체성 혼란이랄까, 힘들었어요. 모든 고객들에게 을이 되는 순간들이 연이어지더라고요. 그런데 신기하게도 어느 날 이게 생활이 되더라고요.(동석 씨)

앞서 자유로운 영혼을 과시한 도환 씨도 일에 대한 만족도의 기준은 '사회적 시선'이라면서 이렇게 말한다.

"사회적 시선이 좋지는 않아서 이 일이 그렇게 만족스럽진 않습니다. 아무나 다 할 수 있는 일, 할 것 없는 사람이 하는 일이라는 인식이 분명히 있어요."

이를 잘 보여주는 것이 한국고용정보원(2018)의 조사 결과다. 대리운전은 '플랫폼 경제 종사 이유'에서 다른 직종이나 전체 평균값과 전혀 다른 결과를 보인다. '생활비 등 당장 수입이 필요해서'가 압도적으로 높다. 다른 플랫폼 노동과도 대비되는 말 그대로 '하루 벌어 하루 먹고사는' '생계형' 직업이라 하지 않을 수 없다. '당장 목구멍이 포도청인데 받아주는 데가 딱 여기뿐'인 것이 대리운전이다.

플랫폼 경제 종사 이유 (단위: 명, %)

구직이유	직업				
	전업종 평균	대리 운전	음식 배달	퀵 서비스	택시 운전
일거리 구하기 쉬워서	28.9	15.7	27.6	26.8	42.4
생활비 등 당장 수입이 필요해서	28.0	51.0	16.3	28.9	17.6
일하는 시간, 수입에 만족해서	11.4	2.9	21.4	10.3	11.2
일거리가 많아서	9.5	1.0	22.4	8.2	7.2
일하는 시간을 자유롭게 선택할 수 있어서	7.8	12.7	1.0	4.1	8.8
노력한 만큼 수입을 얻을 수 있어서	6.4	5.9	6.1	10.3	8.8
원하는 일자리가 없어서	5.9	7.8	2.0	10.3	4.0
전공이나 경력에 맞는 일자리가 없어서	2.1	2.9	3.1	3.1	0.0
사례 수	422	102	98	97	125

한국고용정보원(2018.12)

'누구나'의 실상을 봤다. 그렇다면 대리운전은 '하고 싶을 때' 언제라도 자유롭게 할 수 있는 일이기는 할까?

대리기사의 출근 시간은 따로 없다. 앱을 켜는 순간이 출근이고, 끄면 퇴근이다. 노동시간은 오후 8시 30분부터 새벽 1, 2시까지 피크타임에 집중돼있다. 피크타임도 코로나 때나 경기가 나쁘면 짧아진다. 최근에는 앞뒤로 30분에서 1시간씩 줄어들었다.

앱을 켜놓은 이상은, 특히 피크타임에는 핸드폰에서 눈을 뗄 수가 없다. '전투콜'이라 불리는 무지막지한 경쟁에서 1, 2초 상관으로 콜을 놓치기 십상이기 때문이다. 콜이 뜨면 6, 7초 안에 콜 선택 여부를 판단해야 한다. 그 찰나를 놓쳐서 거부하지 못하면 콜을 받은 것으로 치는 업체들이 있다. 받아놓고 콜을 수행하지 않으면 벌금을 물리거나 배차 제한을 하는 벌칙이 가해진다. 그러니 운전하지 않는 시간도 쉴 수가 없다. 우리 '쉼터'에는 읽을 만한 책들이 꽤 많은데 방문하는 대리기사 누구도 책을 보지 못한다. 앉자마자 핸드폰 들여다보기 바쁘다. 어떤 기사는 하던 대로 스피커폰으로 켜 두었다가 한 소리 듣기도 한다.

새벽이나 심하면 먼동이 틀 때쯤 귀가하다 보니 11시 기상이면 준수한 편이다. 기상과 함께 앱을 켜는 기사들도 많다. 어차피 켤 것, 좋은 콜이 뜨면 달려 나가기 위해서다. 앞서 소개한 도환 씨는 오전에도 한두 콜을 탄다. 서면에는 성형외과나 피부과들이 많은데, 거기서 콜이 심심찮게 생기기 때문이다. 미영 씨도 종종 골프 연습장 같은 데서 오전 콜을 수행한다.

대리기사 대부분은 4시간에서 6시간 정도 잔다. 부족한 잠은 어쩌다 쉬는 날 몰아서 채운다. 바쁜 저녁 시간에는 밥 먹는 시간이

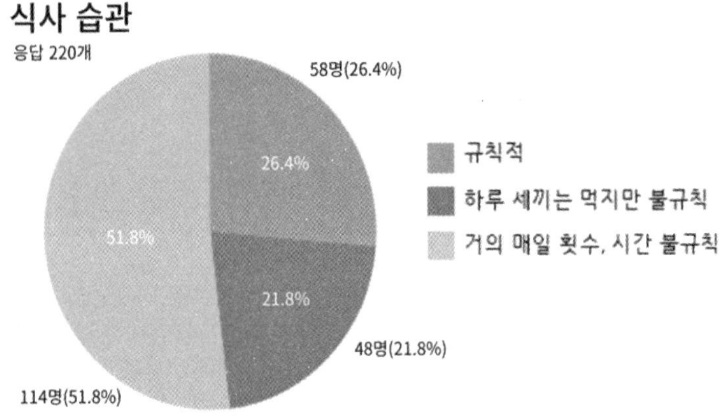

부산이동노동자지원센터(2022)

불규칙할 수밖에 없다. 건너뛰기도 한다. 이 그림은 대리기사들의 식사 습관 조사 결과다. 식사 시간이 규칙적인 비율은 26.4%에 그친다. 과반수가 매일 횟수와 시간이 불규칙하다.

대리기사들은 누구보다 많이 걷는다. 콜 찾아서 걷고 콜 끝내고 걸어서 나오기를 밤새 반복한다. 그게 운동이 될 까닭이 없다. 딱딱한 아스팔트나 부산에 유독 많은 계단을 오르락내리락 바쁘게 뛰어다니면 관절염 걸리기 딱 좋다. 병명도 낯선 족저근막염 걸린 기사도 많다. 운동 부족에 불규칙한 수면과 식사로 건강이 위태롭다.

낮밤이 바뀐 생활이다 보니 알던 인간관계와 단절된다. 동창회 같은 데를 나가려면 하루 일을 포기해야 한다. 도환 씨처럼 일을 포기하는 기사도 있지만 대개는 만남을 포기한다. 동료기사들과의 관계도 돈독할 수가 없다. 기껏 만난다 해도 우연히 대기시간이나 합류차 정류장에서 잠시 잠깐 만나서 커피 한 잔 나누는 게 전부다. 이렇게 만나는 것을 '5분 만남'이라 부른다.

무엇보다 문제는 가족관계에서 단절되는 것이다. 대리기사의 독거 비율은 상당히 높다. 대리기사라서 혼자된 건지는 몰라도, 익숙해지면 혼자라서 대리하기 좋은 것도 같다. 나 하나만 챙기면 되니까, '자유롭게' 일과 시간을 선택하는 것 같아서다.

그렇게 해서 목돈이 쌓일 리가 없다. 큰 질병에 취약할 수밖에 없다. 그러다가 홀로 외로이 앓다가 고독사하는 경우까지 생긴다. 관계 단절에서 생기는 불행이다.

플랫폼 노동자 만족도 조사를 보면, 대리기사들은 온통 불평불만에 사로잡힌 사람들 같다. 수입이든 자율성이든 자긍심이든 가릴 것 없이 모든 만족도 수치가 최하다. 다른 일을 하고 싶어도 나이 때문에 갈 데가 없다. 그나마 젊은 축에 드는 기사들이 이직하는 직종도 택시 같은 데로 국한된다.

대리에서 택시로 넘어왔어요. 대부분은 택시 하다가 대리로 가요. 전 그 반대 경우죠. 대리에도 장점은 있어요. 출퇴근이 자유롭고, 당일 수입을 챙길 수 있죠. 수입은 택시보다 나은 것 같습니다. 단점도 많아요. 알아서 이동하고 복귀해야 합니다. 콜 따라 움직이니까 택시보다 자유롭지 못합니다. 날씨 같은 것에 따라 들쭉날쭉해서 불안정하죠. 택시는 월급을 주니까 최소한의 안정은 보장되는데, 대리는 그런 게 없고 4대 보험도 안 되죠. 진상 손님 만날 가능성이 훨씬 높고요. 콜 따라가니까 손님을 고를 수가 없거든요. 선택지가 팍 줄어드는 거죠.(마흔 살 산호 씨. 대리운전 1년 2개월 하다가 택시로 전업. 부업으로 대리 겸 직)

이것이 '하고 싶을 때' 일할 수 있는 '자유로운' 대리기사들의 실상이다. 그들이 누릴 수 있는 것은 '앱을 켤/끌 자유'뿐이다. 앱을 켜는 순간부터 기사들은 자유롭게 선택한 앱의 손아귀에서 벗어나지 못한다. 하루 벌어 하루 사는 그들은 나머지 하나, '끌 자유'를 선택하지 못한다. 결국 그들에게 허락된 자유는 '대리기사로 일할 자유'와 '일하지 않을 자유'뿐이다.

시급 5,228원?

2022년 12월 9일 부산이동노동자지원센터(도담도담)에 한바탕 소동이 있었다. 이 센터에서 운영하는 유튜브 채널 '부산플랫폼 노동뉴스'에 올린 영상 하나가 올린 지 하루 만에 1천 회를 돌파했기 때문이다. 센터 소통방은 '오오!'부터 환희, 팡파레, 경악 등의 이모티콘 호들갑들이 넘쳐흘렀다. 여는 채널마다 수십만, 수백만을 훌쩍 넘기는데, BTS나 블랙핑크는 수억씩을 넘나드는데 별 걸로 난리라 하겠지만, 1천 회는 이 채널 운영 1년 2개월 만에 거둔 최초 기록이다. 늙은 정책팀장의 악전고투를 지켜본 이라면 실로 눈물겨운 기록이라고 해야겠다. 일주일이 지난 현재 2천 4백 회를 넘어서면서 자체 기록을 경신 중이다.

"시급 5,228원, 대리기사의 세계"

영상 제목이다. 40개 이상 달린 댓글들은 모세가 내려친 지팡

이에 맞은 홍해처럼 쫙 갈라진다. '무플'에 익숙한 처지로서는 '악플'조차 고맙기만 하다. 자기 처지나 광주 등 다른 지역의 경우를 들어 비슷한 현실을 고발하는 사람들이 있는가 하면, 정반대 사례를 들어 영상이 과장되었다 하거나 아예 왜곡한다 하기도 한다. 부산이라서 그렇다, 서울은 훨씬 더 번다거나 그것밖에 못 버는 건 게으른 기사 탓이라는 등 다양한 반응들을 볼 수 있다. 예상 가능한 반응들이다. 어느 분야든 '1티어'는 있기 마련이고, 대리기사 수입이란 게 워낙에 들쑥날쑥하기도 하다.

'시급 5,228원'이라는 결과가 나온 경로는 이렇다.

※ **부산연구원(2020) 조사 결과에 따른 부산지역 대리운전 노동자 시급**

> 월 순소득 ÷ 월 노동시간(일 노동시간 × 월 노동일) = 시간당 소득
>
> 1,097,900원 ÷ (8.4 × 25)시간 = **5,228원**

이 표에 실린 수치들은 모두 부산연구원이 2020년 12월에 발간한 《부산시 플랫폼 노동자 실태와 공적지원 방안》에서 인용한 것이다. 이 보고에 따르면, 부산지역 대리운전 노동자들은 하루 8.4시간씩 월 25일을 일해서 순소득 1,097,900원을 번다. 이걸 시간당 소득으로 계산한 결과가 5,228원이다.

그렇더라도 월 소득이 백만 원 남짓이라는 게 사실인가 하는 의문이 남을 법하다. 이 결과가 2020년 12월 발표라는 점에 주목하자. 코로나가 터지고 모든 음식점 영업시간이 엄격히 제한되던 때여서 그럴 수 있을 것이다. 또 기사들이 저마다 목표로 삼는 액수가 다르고, 그에 따른 소득 차이가 아주 크기 때문에 순소득에 대한 체

감은 제각각이다.

　이것은 대리기사들의 수입 분포에서도 확인할 수 있다. 아래 표들은 각각 부산연구원(2020.12)과 부산이동노동자지원센터(2021.12)에서 조사한 부산지역 대리기사 월평균 수입 분포다. 총수입이 100만 원 미만부터 300만 원 이상까지 넓게 분포되어 있음을 확인할 수 있다. 그렇더라도 각각 2/3가 총수입 150~250만 원, 52,1%이 200~300만 원에 자리 잡고 있다.

월평균 총수입 분포(%)

100만원 미만	100~150 미만	150~200 미만	200~250 미만	250~300 미만	300~350 미만	350만원 이상
2.6	12.2	33.0	33.0	8.7	7.9	2.6

부산연구원(2020.12)

총수입 및 순수입 – 구간별 분포(단위: 명, %)

	총수입		순수입	
	빈도	비율	빈도	비율
100만원 미만	8	3.7	79	36.7
100~200만원	52	24.2	107	49.8
200~300만원	112	52.1	27	12.6
300만원 이상	43	20.0	2	0.9
총	215	100.0	215	100.0

부산이동노동자지원센터(2021.12)

　또 하나 짚어야 할 것은 총소득 대비 비용의 비율이다. 부산지역 대리기사들의 총소득 평균은 1,996,500원인데, 여기서 비용 898,600원을 뺀 순소득 평균이 1,097,900원이다. 비용이 총소득 가운데 45%나 차지한다. 기사들마다 다소 차이는 있지만, 대체로 비용을 1/3 정도로 잡는 것에 비하면 확실히 높다. 그러나 다른 기관의 조사에서도 40% 대가 잡히는 것을 확인할 수 있다.

조사기관별 총소득, 순소득, 비용비율

조사기관(연도)	총소득평균(A)	순소득평균(B)	비용(A−B) 비율(%)
고용정보원(2018)	279.2만원	159.4만원	119.8만원(42.9)
국가인권위(2019)	228.1만원	160.0만원	68.1만원(29.9)
부산연구원(2020)	1,996,500원	1,097,900원	898,600원(45.0)
부산지원센터(2021)	222만원	128만원	94만원(42.3)

비용을 어떻게 잡느냐에 따라 순소득에서 큰 차이가 난다. 2018년 고용정보원과 2019년 국가인권위 조사에 비해 2020년과 2021년 조사 결과, 순소득이 약 32만 원에서 50만 원 정도 떨어진다. 이것을 코로나의 영향으로 볼 수도 있겠지만, 비용 차이가 크게 작용한 것을 알 수 있다. 국가인권위 자료와 다른 기관 조사 결과에서 많게는 15% 이상 차이가 난다. 이 결과는 인터뷰에 응한 노동자들이 총소득 대비 비용을 대략 1/3로 보는 것과도 크게 다르다.

이 문제는 설문 문항의 차이 때문에 발생한 것일 수도 있다. 고용정보원 조사에서 '플랫폼 경제 종사로 얻은 수입 중 지출 비율'을 물었을 때 결과는 평균 24.8%로서 이는 '총소득·순소득'인 42.9%와 큰 차이를 보인다. 겸업 종사자가 많은 대리운전 특성상 총소득에 다른 데서 잡힌 소득이 유입됐을 수 있고, 다른 데 사용한 비용을 지출에 합쳤을 수도 있다. 이런 불확실성은 플랫폼 노동의 특성에서 비롯된 것이다. 노동시간이나 소득 등의 경계선이 불확실한 것이다. 통계를 읽을 때 이런 점을 감안하여 비용을 대략 1/3로 잡는 것이 무난할 것이다.

이상의 사실들은 무작위로 뽑아본 대리기사들의 발언에서도 확인할 수 있다.

> 하위, 상위, 중위 다 있는데, 기사들마다 100만 원 못 버는 사람이 7, 80%쯤 되고, 1등 하는 사람은 매출(총소득)이 500만 원 가는 사람도 있어요.

> 코로나 전에는 총수입이 3백에 육박했죠. 구린내 나도록 걸어다녀도 최소 90에서 130까지 비용이 들어요. 총수입에서 1/3 정도가 수수료 등으로 빠져나갑니다. 그러면 순수입이 180에서 210 정도 되겠죠. 그게 코로나 이전 수입입니다. 코로나 이후는 거의 반 토막 났다고 보면 됩니다.

> 지금은 대리로 매출 300 이상은 찍어요. 커리어가 있어서 그런지 200 이상 수입은 됩니다. 노하우가 생기는 거죠. 하루 8시간 하면서 400 이상 찍는 기사도 상당수 됩니다.

호출형 플랫폼 노동 가운데 코로나로 매출에 가장 큰 타격을 입은 업종이 대리운전인 것은 분명하다. 부산연구원(2020.12)에 따르면, '코로나 영향으로 일감이 줄었다'는 대리기사 응답이 91.3%

에 달한다. 덧붙여 '대리운전 노동자 수가 늘어났다'는 응답도
65.2%에 이른다. 일감이 크게 줄었는데 노동자 수는 대폭 늘어났으
니 소득이 줄어드는 것은 당연하다. 조사 결과 소득의 36.4%가 줄
어든 것으로 나타났다. 인터뷰에서는 통계치보다 체감 소득 감소가
훨씬 컸다. 누구 하나 예외 없이 '반토막 났다', '반의 반토막 났다'
는 말을 했다.

　　이런 몇 가지 사정을 고려하면, 시급 5,228원을 일상 시기의
소득으로 보는 것에 무리가 있는 것 같기도 하다. 계산하는 나로서
도 이렇게까지 낮은 것은 솔직히 비참하다. 그래서 '코로나 이전',
'비용 1/3', '전국 대리기사 대상'으로 한 통계를 찾아 다시 계산해
보기로 했다. 이 조건들을 모두 충족하는 것이 국가인권위의 2019
년 보고서인《플랫폼 노동 종사자 인권상황 실태조사》다.

【인터뷰】
유튜브 영상을 보고

– 대리기사 3년차 변동승 씨(44세)

※ '부산플랫폼 노동뉴스' 영상을 둘러싼 논란이 생길 즈음, 현장의 반응이 궁금하여 현직 대리기사와 만났다. 동승 씨는 2020년 9월부터 대리운전을 시작한 3년 차 대리기사다. 이 인터뷰에서 그는 대리운전 만족도가 최하라 했지만, '카부기공제회'를 만나면서 태도가 180도 바뀌었다. 이 책 맨 끝에서 소개한다.

Q. 영상 보고 느낀 소감은?

처음에는 현실과 맞지 않은 감도 없지 않아 있다고 생각했다. 그런데 조금 생각을 해보니, 특히 내가 처음 대리운전 시작했을 때를 생각하니 그렇게 터무니없는 영상은 아니었다. 내 주위를 봤을 때 한 50% 이상은 그 범주에 해당하지 않나 생각한다.

Q. 영상에 달린 댓글들 중 반박하는 글이 많았는데?

댓글들을 꼼꼼히 살펴봤다. 나도 댓글을 쓸까 말까 망설였다. 댓글들 절반가량은 공감할 수 있었지만, 이건 아니다 싶어 눈살이 찌푸려지는 글들도 있었다. 6~7시간 일해서 20만 원 버는 분도 물론 있다. 그런데 그런 경우는 극히 드물다. 기사들이 보통 그렇게 버는 것처럼 쓰는 건 곤란하다.

Q. 처음 시작했을 때 수익을 설명해 달라.

시작하고 6개월 정도까지 초보 대리기사였던 때는 진짜 영상과 비슷한 수익을 남겼다. 하루에 평균 10만 원 정도 매출을 올렸다. 그것도 하루 10~12시간 정도 일을 해서 올린 매출이다. 한 푼이라도 더 벌려고 낮부터 나와서 일을 했다. 대략 2시부터 나와서 새벽 2시까지 일했다. 거의 주 6일을 그렇게 일했으니 월 25일 이상 일한 셈이다. 그렇게 올린 월 매출이 250만 원 정도다.

그 250만 원에서 수수료와 보험료, 출근비, 프로그램 사용료를 업체에 낸다. 밥도 먹어야 하고 교통비나 통신비 같은 것들도 빠져나간다. 비용으로 100만 원 이상 빠져나갔다. 그렇게 뺄 것 빼고 남은 순수익이 영상에서 나온 액수와 비슷했다. 처음에는 이 정도면 충분하다고 생각했는데, 뒤에 계산해보니 너무 적은 금액이었다.

Q. 지금은 어떤가?

현재는 사실 내가 적게 버는 대리기사는 아니라고 생각한다. 일 평균 20만 원 정도 매출을 올린다. 월 500~600 정도 매출을 올리는 것이다. 거기서 비용 1/3 정도를 빼면 월 순수입이 350~400만 원 정도 된다. 이게 결코 많다고 생각하지 않는다. **하루 12시간씩 주 6일 일해서, 그것도 매일 같이 야간노동을 해서** 버는 것이라 생각하면, 일반 직장인에 훨씬 못 미친다고 생각한다.

Q. 주변 대리기사들과 비교하면 어떠한가?

워낙 천차만별이긴 하지만, 나보다 낮게 버는 분들은 극히 드물다. 내가 잘한다기보다는 일하는 시간을 많이 늘리고 있기 때문이다. 나처럼 낮 콜부터 타서 새벽까지 연속으로 일하는 대리는 한 10%쯤 될까? 350에서 400 정도 순소득을 올린다 했는데, 내 주변을 둘러보면 이렇게 버는 사람은 없다.

Q. 이제 삼 년 정도 했는데 만족하는가?

내 나이가 마흔넷인데, 낮밤이 바뀐 생활에 불규칙한 식사시간에 운동을 할 수 없어서 그런가 배가 많이 나왔다. 수면장애와 소화장애가 동시에 찾아왔다. 참 많이 걷는데, 이렇게 걷는 건 운동이 아니고 노동이다. 솔직히 '어쩔 수 없이' 그냥 단순히 돈을 벌기 위해서 일하고 있다. 하던 일이 안 되고 어쩔 수 없이 차선책으로, 가장이라는 어떤 책임감과 무게감 때문에 이 일을 시작하게 됐다. 거의 대부분 기사들이 비슷할 거다. 만족도는 최하다. 이때까지 했던 그 어떤 일보다 최하다.

여러 가지 갑질들, 업체의 갑질, 고객의 갑질이나 무시하는 사회적 인식, 노동 강도에 비해서 낮은 수입 등 때문이다. 여기에 나 같은 경우 외롭고 쓸쓸하다는 게 가장 견디기 힘들다. 지금까지 해오던 일들은 소통이 되는 동료들이 있었는데, 대리운전은 어떤 소속감이나 동료의식이 많이 떨어진다. 빨리 이 일을 그만두고 본래 하던 일이나 새로운 일을 찾고 싶다는 마음이 많다.

전국 대리기사 시급 6,716원

국가인권위 보고서로 시급 계산을 한 결과다. 혹시 잘못 계산한 건 없나 다시 계산하고 과정을 꼼꼼히 살폈지만, 결과는 변함없이 '시급 6,716원'이었다.

이 보고서에는 일 평균 노동시간(9.35)과 주 평균 노동일 수(5.88)만 나오고 월 노동일 수가 나오지 않는다. 월 소득은 160만 원으로 부산연구원보다 50만 원 이상 높다. 코로나 이전 조사라 그런지, 부산이 유독 낮아서 그런지 여하튼 차이가 컸다. 대신 일 평균 노동시간이 부산의 8.4시간보다 거의 1시간 더 길다. 주 평균 노동일 수는 부산의 5.8일과 별 차이가 없다.

보고서의 월 소득을 월 노동시간으로 나누면 시간당 소득이 나온다. 계산 과정을 정리하면 이렇다.

※ 국가인권위(2019) 조사 결과에 따른 전국 대리운전 노동자 시급

월 노동시간 = [일 평균(시간) × 주 평균(일) × 52(주)[1]](= 연 노동시간) ÷ 12

월 소득 ÷ 월 노동시간 = 시급

숫자를 대입하면,

1,600,000(월 소득) ÷ [9.35(일 노동시간) × 5.88(주 노동일 수) × 52 ÷ 12]

= 1,600,000 ÷ 238.238(월 노동시간)

≒ **6,716원**

---

1 365일을 주 단위로 환산하면, 365일 ÷ 7일 = 52.142주다. 윤달을

이 시급 자체도 충격적이지만, 몇 가지 더 고려해야 할 것이 있다. 최저임금은 주 48시간 노동을 기준으로 산정한다. 실제 노동은 주 5일이지만, 주말 하루는 유급 휴일로 쳐서 6일 치로 계산한다. 실제로는 40시간 일하고 계산은 48시간으로 한다. 주당 8시간 임금을 더해준다는 말이다. 여기에 각종 (대체)공휴일과 명절, 노동절 등 유급 휴일이 추가된다. 모두 대리기사에게는 해당 사항 없다. 그런 것까지 감안하면, 대리기사는 이 계산보다 훨씬 더 뒤처지는 꼴, 말 그대로 '꼬라지'가 된다.

※ 월 근로시간과 통상임금 산정 기준시간

▷월 소정근로시간 : 주 40시간 × (365일/7일) / 12개월 = 약 174시간

▷통상임금 산정 기준시간 : (주 40시간 + 유급주휴 8시간) × (365일/7일) / 12개월 = 약 209시간

결국 대리기사들은 각종 유급휴가 없이 순전히 노동한 시간만큼의 수입만 벌어들인다는 말이다. 달리 말하면, 대리기사가 같은 시급을 받는 노동자와 동일한 월 수입을 올리려면 월 35시간을 더 일해야 한다는 것이다. 여기에 대리기사는 다른 노동자들이 야간근무할 때 받는 수당 혜택을 받지 못한다는 사실까지 추가하면, 이만큼 열악한 노동환경은 있을 수가 없다.

어떤 사람들은 대리기사가 대리운전 소득 외에 다른 소득이 있(을 수 있)다는 점을 들어 저임금을 부정하기도 한다. 다른 업종 종사

─────

고려해도 소수점 처리해서 크게 달라지지는 않기에 52주로 계산했다.

자가 '알바'로 대리운전을 하기도 하고, 대리기사가 '투잡'으로 다른 일을 병행하기도 하니 '다른 소득이 있을 수 있다'는 말은 틀리지 않다. 실제 고용정보원 2018년 보고에 따르면, 대리기사 소득 중 대리운전으로 얻는 소득 비율은 63.8%다.

이런 접근은 위험하다. 다른 노동으로 번 소득을 합쳐 소득을 늘리는 것이 플랫폼 기업과 대리업체의 노동 착취를 은폐할 수 있기 때문이다. 정작 중요한 것은 대리기사가 대리운전에 들인 시간으로 얼마를 버는가를 살피는 것이다. 63.8%든 50%든 하등 중요할 것도, 신경 쓸 일도 아니다. 다른 것 다 걷어내고 대리운전 노동의 시간당 소득만 따지면 된다. 내가 계산한 숫자에 다른 노동 소득이나 다른 노동시간이 포함되었다면 몰라도, 그렇지 않은 이상 비판받을 까닭이 없다.

혹은 대리기사의 소득을 정확하게 알 수 없다는 점을 지적하기도 한다. 이 또한 맞는 말이다. 여러 군데 대리업체에 중복으로 가입해 있고, 출퇴근 시간도 제각각 알아서 선택하는 데다 소득 자체가 천양지차여서 실상을 제대로 짚어내기가 무척 힘들다. 30%가량 비전업 노동자가 섞여 있기도 하다. 설문조사로 노동시간과 소득의 평균값을 겨우 구하는 정도지만, 표본 수가 극히 적고 그마저도 자료 자체가 드물다. 각 기관들이 번갈아 가며 1년에 하나 정도 보고서를 발간하는 수준이다. 별 수 없이 나와 있는 보고서들을 통해 최대한 추정할 따름이다.

이게 시급 계산한 사람을 비난할 문제는 아니다. 정확한 통계가 없다고 해서 문제를 그대로 방치할 수는 없다. 정확한 통계를 내지 않은 것이 내 탓인 것도 아니다. 아무도 신경 쓰지 않는 문제를 어떻게든 해결하기 위해 이미 나와 있는 정부기관의 통계 자료를 활용하여 계산하고 발표하는 것은 너무나 당연한 일이다. 그것이 '왜곡'이라고 비난받을 일은 아니다.

가장 기가 막히는 사실은, 우리가 무슨 떼돈을 달라는 것이 아니라는 것이다. 이렇게 시급을 산정하는 것은 최소한 최저임금 정도라도 맞춰 달라는 것이다. 2021년 정규직 노동자 월 평균 임금이 334만 원이었다. 대리기사가 그 수입을 올리려면 매출 500만 원 이상은 찍어야 한다. (변동승 씨 인터뷰에서 봤듯이, 그러려면 하루 12시간씩, 매주 6일씩, 월 25일 이상씩 야간노동을 해야 한다. 이럴 수 있는 사람은, 동승 씨 포함해서, 없다.) 지금 그런 '허황된' 요구를 하는 게 아니다.

최저임금만이라도!

부실한 통계 자료를 끌어들여서라도 대리기사의 소득을 추정치로나마 구해야 할 절박한 이유가 있다. 바로 이 저소득이야말로 대리기사들의 열악한 노동환경, 나아가 고달픈 삶을 진단하는 첫걸음이기 때문이다. 대리기사의 처참한 시간당 소득은 필연적으로 장시간 노동을 초래한다. 최소한의 생계를 유지하기 위해서는 적정 수준의 소득이 필요한데, 시간당 소득이 이렇게 낮으니 노동시간을 늘릴 수밖에 없다.

많이들 대리운전을 오래 한 사람일수록 노하우가 쌓여서 수입이 많을 것이라 짐작한다. 큰 오해다. 부산이동노동자지원센터의 '부산지역 대리운전 노동자 실태조사 및 정책 개선 방안'(문영만, 2021.12)에 따르면, 전업일수록, 남성일수록, 40대일수록, 프로그램 수가 많을수록 순수입이 높았다. 반면 시간당 임금은 차이가 없었다. 즉 숙련도는 소득과 별 상관이 없다는 것이다. 전업, 남성, 40대, 프로그램 수는 노동량과 연관이 깊다. 전업 40대 남성 가운데 프로그램을 많이 깐 대리기사가 그만큼 장시간 노동을 한다는 말이다. 일부 '도사'들이 나름의 노하우를 발휘하는 것은 있을 수 있겠지만, 전체적으로 노동시간을 길게 잡는 것 말고는 소득을 높일 비법은 없다.

아래 표는 이와 관련한 최근의 조사 결과다. 대리기사 66.8%가 주 50시간 이상 노동하고 있다. 주 60시간 이상 노동하는 비율도 40.1%나 된다.

부산지역 대리운전 노동자 주 평균 노동시간[2]

50시긴 미만	50~60시간 미만	60~70시간 미만	70시간 이상	총
67명(33.2%)	54(26.7)	44(21.8)	37(18.3)	202(100%)

부산이동노동자지원센터(2022.07)

부울경 대리기사들의 밴드인 '카부기밴드'에 이런 글이 올라왔

---

2 센터가 발행하는 '이슈페이퍼' 제2호의 「부산이동노동자지원센터 뇌심혈관계 질환 관련 설문조사 결과 발표」에 나온 수치를 글의 목적에 맞게 재구성했다.

다. 자주 재미난 글을 올려 대리기사들의 피로를 풀어주는 데 일가견이 있는 닉네임 '꿀잼'이 올린 글인데, 지금 우리가 다루는 문제를 이해하는 데 도움이 될 것이다.

일 10만 원 벌기

● **출근비**

부산로지	3.500원
부산콜마녀	4,000원
트리콜프로기사	3,000원

일 출근비 지출 합계	10,500원

● **일 매출 − 일 지출 = 일 순수익**

예시 1)

수입 : 일 매출 100,000원일 경우

지출 : 수수료 20% = 20,000원 제외

지출 : 일 출근비 = 10,500원 제외

일 순수익 : 69,500원

예시 2)

수입 : 일 매출 150,000원일 경우

지출 : 수수료 20% = 30,000원 제외

지출 : 일 출근비 = 10,500원 제외

―――――――――――――――――――――

일 순수익 : 100,500원

결론)

일 매출 15만 원 이상 찍어야 순익 10만 원 벌 수 있는 구조.

콜비 15,000원 × 10콜 = 150,000원

콜비 20,000 × 8콜 = 160,000

콜비 25,000 × 6콜 = 150,000

콜비 30,000 × 5콜 = 150,000

콜비 35,000 × 5콜 = 175,000

콜비 40,000 × 4콜 = 160,000

콜비 45,000 × 4콜 = 180,000

콜비 50,000 × 3콜 = 150,000

※ 대략 로지, 콜마너, 트리콜 3개 앱을 쓴다고 가정

'꿀잼'의 결론은 이렇다.

"똥콜(저가 콜) 타지 맙시다.

개피곤하고 저가 콜에 진상 있고 맘 상하고 육체 상하고.

스트레스는 만병의 인인."

이 게시물 댓글이 지적하듯, 이 글의 지출(비용)에는 보험료와 프로그램 사용료가 빠져 있다. 물론 식비, 통신비, 이동비 같은 것은 일절 따지지 않았다. 그런 것까지 감안하여 일 10만 원 순수익을 올리려면 15,000원짜리 12콜은 타야 한다. 저가 콜 많이 타는 것보다 돈 되는 콜을 타는 게 좋은 건 당연하다. 쉼터에 온 기사들에게 이 글을 보여줬더니 이구동성으로, 이렇게 10콜 타기가 쉽지 않다고 한다. 운이 좋으면 모를까, '저가 + 고가' 6콜 이상 타서 매출 15만 원 올리기도 만만찮다고 덧붙인다.

이 글을 소개하는 것은, 이 글이 매출과 콜 수의 관계를 직관적으로 보여주기 때문이다. 이제 이 글의 실현 가능성을 따져보자. 다음 표들은 하루 평균 콜 수를 조사한 결과다.

'20년 일 평균 대리운전 운행 횟수(%) (1)

3회 이하	4회	5회	6회	7회	8회	9회 이상	평균(회)
15.9	15.9	23.9	10.6	10.6	7.1	15.9	5.9

국토교통부(2020.04)

'20년 일 평균 대리운전 운행 횟수(%) (2)

5회 이하	6~9회	10회 이상	평균(회)
22.6	75.7	1.7	5.8

부산연구원(2020. 12)

(1)과 (2) 가릴 것 없이 일 평균 운행 횟수는 비슷하게 약 6회다. 그러니까 위 게시글의 10회는 평균을 훌쩍 뛰어넘는, 최상위 1~2%나 돼야 가능한 횟수다. 하루 15만 원 매출, 순수입 10만 원을

올리려면 1) 평균 횟수의 2배 가까이 운행 횟수를 늘리는 신공을 발휘하거나 2) 주어진 횟수 안에서 최대한 돈 되는 콜을 잡아야 한다.

저소득을 벌충하려면 장시간 노동을 할 수밖에 없고, 이것 말고는 달리 방법이 없기도 하다. 당장은 효과가 있을 수도 있다. 그러나 이런 생활이 오래 갈 리가 없다. 그렇게 무리하다가 이윽고 건강악화와 질병이라는 장애물에 부딪히게 된다. 전적으로 몸으로 때우는 일이다 보니 장기적으로는 일종의 '한계 효용'이 작용한다. 몸이 망가지면 일껏 번 돈을 다 토해낼 수도 있다. 대리기사들의 진단도 거의 일치한다.

하루하루 열심히 타면 높은 벌이도 가능하겠죠. 그런데 그 생활이 지속적일 수 있을까요? 불가능합니다.

대리기사의 매출은 배고픔과 비례합니다. 안 되면 아침까지 해야 되거든요. 요금이 좋고 빨리 매출이 달성되면 일찍 집에 들어갈 수 있는데, 그게 안 되니까 아침까지 계속 일을 할 수밖에 없죠. 피로도가 엄청 올라가는 거죠.

저는 3년 조금 넘었는데, 체감상으로 오래 하신 분들이 수입은 더 적어요. 일이 힘들다 보니 아픈 데도 생기고, 능률 자체가 많이 떨어지는 부분도 있고요. 처음 6개월은 죽을 둥 살 둥 일합니다. 그렇게 수입이 한 250 정도 됐는데, 1년 지나서는 4백까지 찍었거든요.[3] 3년 차 들면서 코로나 하고 맞물려서 지금은

---

3 '찍는다'는 말은 매출액을 뜻한다. 총소득, 즉 비용 공제 이전 액

평균 250에서 300 정도 찍어요. 전에 8시간 정도로 목표액을 맞출 수 있었다면 지금은 10시간 정도 해야 맞출 수 있어요.

처음엔 돈 버는 재미에 하루 13, 4시간씩 일했죠. 그렇게 6개월 하다 보니 몸에 무리가 오더군요. 저보다 더 한 사람도 많았어요. 대부분이 심장마비, 뇌출혈이죠.

소득 많은 게 결코 좋은 게 아닙니다. 소득은 오롯이 '자기 착취'로 생기는 거니까요. 오래된 사람들 소득이 떨어지는 건 일을 설렁설렁하고 건강상 문제가 있어서 그런 것도 있지만, 적정선이 아닌 콜은 안 타기 때문이거든요. 적정요금을 보장해달라, 그거 아니고는 못 타겠다, 이런 의미도 있죠. 신입기사들은 모르니까 마구잡이로 타죠.

대리운전을 비롯한 플랫폼 노동자의 저임금·장시간 노동은 한 세트다. 그 중 저임금 문제가 핵심이다. 최저임금 선이라도 맞출 수 있다면, 심신을 갉아먹는 장시간 노동에 매달릴 까닭이 없다.

수다. 여기서 비용을 뺀 나머지가 순소득이 된다.

해결책은 있지만

대리운전을 비롯한 플랫폼 노동자의 저임금·장시간 노동은 한 세트로서, 이 사슬 가운데 한 고리만 벗겨내면 다른 문제도 함께 해결할 수 있다. 저임금을 해소하면 굳이 장시간 노동을 할 필요가 없다.

논리적으로 따지면, 몇 가지 해결 방안이 있다. 실질임금을 높이거나 지나치게 높은 비용을 낮추면 된다.

첫째, 실질임금을 높이는 방안으로, 전체 노동자의 소득과 물가 변동에 맞춘 기본요금제(표준운임제)를 실시하는 것이다. 대리기사들은 15,000원이 적정 기본료라고 입을 모은다. 현실은 거꾸로 현재의 10,000원조차도 제대로 지켜지지 않는 실정이다.

대리운전이 15년 정도 됐는데, 그때부터 지금까지 요금 인상이 한 번도 없었고요, 오히려 인하가 됐어요. 다들 기본요금을 만 원이라고 알고 있는데, 그것도 업체에서는 자기들 상황에 따라서 파괴합니다. 5천 원짜리, 7천 원, 8천 원짜리도 나오죠. 2월 비수기에는 업체 간에 박 터지는 전쟁이 벌어집니다. 2년 전에도 울산에 5천 원짜리가 있었거든요. 지금도 카카오가 '우리 콜이 싸다'고 광고하잖아요, 해운대에서 광안리까지 단돈 만 원이라고. 요금을 떨어뜨려도 많은 기사들이 타거든요.

둘째, 총소득에서 지나치게 많이 빠져나가는 지출 비용을 줄이는 것이다. 이 문제는 다음 절에서 자세히 다루겠지만, 대리업체의 부당노동행위만 막아도 상당 부분 해결할 수 있다.

셋째, 대리운전 시장의 수요에 비해 노동자가 초과 공급되어 발생하는 과잉 경쟁을 해소하는 것이다. '대리운전기사 자격제도'를 도입하여 일정한 자격을 갖추고 서비스 교육을 이수한 노동자에게만 자격증을 부여하면 서비스 질을 높이고 과잉 공급을 해소할 수 있다. 조사를 보면, 대리업체의 86.3%, 대리기사의 82.7%, 이용자의 90.8%가 자격제도 도입이 필요하다고 응답했다(국토교통부, 2020). 물론 막상 도입하자면 만만찮은 반발이 있을 것이다. 과다 투입된 대리기사 머릿수로 돈 버는 대리업체는 '기사 장사'를 못하고, 과잉 경쟁이 사라지면 부당한 비용 부과나 노동 통제가 먹히지 않을 것이기 때문에 반대할 것이 분명하다. 이용자도 높아지는 운임(사실은 적정 요금) 때문에 반대할 가능성이 높다. 물론 제도에 막혀 대리운전에 접근하지 못하는 예비기사들의 반발도 충분히 예상할 수 있다.

넷째, 전체 노동시간에서 많은 부분을 차지하는 대기시간을 줄이는 방안이다.

"대기시간을 줄여서 운행 시간이 늘어나면 수입이 늘어나는 거니까 조기퇴근을 해도 문제가 없다는 결론이 나는 거죠."

대리기사들이 가장 바라는 것인데, 이 역시 수수료라는 비용 문제와 맞물려 있다. 대기시간은 기사와 이용자 간 매칭과 긴밀한 연관이 있다. 대기시간이 늘어나는 것은, 낮은 기본요금에 수수료 등 각종 비용까지 계산한 대리기사가 '똥콜'을 피하고 적정요금이 뜰 때까지 기다리기 때문이다. 아래 표를 보면, 대기를 4시간 이상

하는 대리기사 비율이 무려 53.1%에 이른다. 한 대리기사는 10시간 노동 가운데 실제로 운전하는 시간이 3시간 정도라 했다.

일평균 콜 대기시간

2시간 미만	2~3시간 미만	3~4시간 미만	4~5시간 미만	5시간 이상	평균(시간)
19.1	8.7	19.1	26.1	27.0	4.0

부산연구원(2020)

처음 시작하면서 8시간씩 일을 했고요, 지금은 10시간 정도 일을 합니다. 콜을 받아서 손님한테 가는 시간, 운전하고 주차하고 완료 버튼 누르는 시간까지가 실제로 일하는 시간이고, 나머지는 대기하고 콜 받으려고 이동하는 시간입니다. 실제로 운전하는 시간은 한 세 시간 될까요?

관행처럼 굳어진 20% 수수료가 아니라 0~20% 변동수수료를 도입하면 대리기사와 손님이 모두 만족할 수 있는 요금을 책정할 수 있어서 매칭률을 높일 수 있다. 그러면 자연스럽게 기사와 이용자 모두 대기시간을 줄일 수 있다.

왜 이런 해결책들이 있는데도 조금의 진전도 보지 못할까? 대리업체들이 필사적으로 가로막고 있기 때문이다.[4] 거대 플랫폼 기업들은 대리업체의 반대를 핑계로 대안을 외면하고, 오히려 관행에

---

4 '이데일리', 2022.10.12. [단독]카카오·티맵 수수료 인하 가로막는 콜업체…20% 관행, 왜?

편승하여 이익을 올리고 있다. 카카오가 도입한 '프로서비스'가 대
표적이다.

　이 책을 쓰게 된 계기이기도 한데, 지금 대리기사들이 겪는 어
려움의 대부분은 플랫폼과 별 상관도 없다. 대리기사들이 플랫폼
시스템의 영향을 받는 것은 사실이다. 알고리즘이 작용하기 때문이
다. 그러나 실상은 플랫폼도 아닌 것이 플랫폼이라는 포장지를 두
르고 낡은 착취를 일삼고 있다. 이 어처구니없는 사실들을 이해하
기 위해서라도 플랫폼이란 게 뭔지를 대충이라도 알아야 한다.

제2장

플랫폼, 혁신적인 착취

플랫폼 노동을 둘러싼 거대한 오해

사람들이 크게 오해하는 사실이 있다. 대리운전판에서 발생하는 많은 문제들이 플랫폼 시스템에서 생긴다고 여기는 것이다. 플랫폼이라는 뭔가 크고 복잡한 시스템에서 발생하는 문제라면 구조적인 문제일 것이고 해결책도 복잡할 것이라고 생각한다. 그러다보니 아예 들여다볼 엄두를 못 내게 된다.

결론부터 말하자면, 대리운전판에서 생기는 문제들 가운데 플랫폼 시스템 자체에서 발생하는 문제는 별로 없다. 대부분의 문제는 플랫폼과 별 상관없다. 거대한 송유관에 누군가 구멍을 뚫어서 기름을 뽑아먹는 장면을 떠올려보자. 구멍 뚫기 내지 빨대 꽂기를 송유관 시스템의 일부라 히지는 않을 것이다. 마찬가지로 플랫폼 시스템을 악용하는 업체들이 만드는 문제를 플랫폼 시스템에서 발생한 구조적 문제라 할 수는 없다.

'카카오'나 '티맵' 같은 거대한 플랫폼 기업이 등장하기 이전부터 대리운전은 있었다. 플랫폼 기업이 새로운 직종을 만든 게 아니라, 있는 직종에 플랫폼 기업이 끼어든 것이다. 이런 연혁을 떠올리면 대리판에서 벌어지는 일들 중 많은 것이 이전부터 있던 문제의 연장선상에 있다고 여기는 것이 옳다.

2016년 처음 카카오가 대리운전 시장에 뛰어들 때 대리기사들은 상당히 큰 기대를 했다. 대리업체들의 갖가지 착취를 없애주기를 바라는 마음에서였다. 카카오도 그 기대에 부응하는 듯했다. 대리기사에게 가장 큰 부담이던 높은 수수료율을 낮추거나 없애주는 것이 가장 큰 바람이었다. 카카오도 수수료를 없애거나 10% 선으로 낮출 것처럼 이야기했다. 기업 설명회장 앞에는 노동조합 부스까지 설치했다. 기사들은 열광했다. 오죽하면 그때 만든 밴드 이름이 '카카오드라이버대리기사모임'('카부기밴드')이었겠는가.

그러나 그 기대는 얼마 가지 않았다. 카카오가 기존 대리업체에서 관리인력을 스카웃하고 데이터베이스를 챙겼다는 소문이 돌았다. 수수료도 20%로 고정했다. 심지어 '프로서비스'라는 프로그램을 깔고 월 2만2천 원씩 내면 우선 배차권을 부여하기에 이르렀다. 대리기사들의 배신감은 말로 다 할 수 없었다. 이미 알려진 밴드 약칭을 바꿀 수는 없어서 '카부기'는 그대로 쓰되 공식 이름은 '카카오'에서 '카오'를 뺀 '카드라이버대리기사모임'으로 바꾸었다. 화가 나서 감행한 보복행위라지만 기껏해야 '앙탈' 부리는 수준이었다.

최근 티맵이 신규 진출하면서도 비슷한 일이 일어나는 중이다. 기존 업체의 낡은 관행을 혁파해주기를 바라는 마음에서 기자회견도 하고 성명서도 내고 하지만, 일선 대리기사들은 큰 기대를 하지 않는다. 카카오를 거치면서 거대 플랫폼 기업이라고 해서 기존 대리업체와 별다를 것이 없다는 사실을 깨달았기 때문이다.

플랫폼 기업이 시장에 진출하면서 수수료 인하를 내걸면 기존 업체들은 '골목상권 침해' 운운하면서 반발한다. 플랫폼 기업은 그 핑계로 수수료를 유지한다. 플랫폼 기업들은 자사 프로그램 공급과 데이터 확충을 위하여 기존 업체들과 제휴하면서 데이터베이스

를 흡수한다. 그렇게 아무 근거가 없을뿐더러 마땅히 없애야 할 각
종 비용은 그대로 유지된다. 오히려 기존 업체들이 하던 짓을 그대
로 살려 '프로서비스' 같은 비용을 추가하기까지 한다. 카카오가 전
국대리노조와의 단체협약으로 '단계적으로' 폐지한다고 하였지만,
여전히 프로서비스는 운영 중이다. 콜 프로그램도 '스탠다드'와 '이
코노미' 식으로 이중으로 운영하여 손님들이 저가 콜을 이용하도록
유도한다.

플랫폼 기업은 낡은 체계를 혁파하는 것이 아니라, 알고리즘
같은 첨단기술을 이용하여 낡은 체계가 더 정교하고 더 강력하게
작동하도록 만들었다. 대리업체들은 이 막강한 시스템에 '빨대를
꽂아서' 기존의 착취를 강화한다. 19세기식 노동구조를 21세기식
최첨단 시스템으로 강화했다고 할 수 있다.

우리가 플랫폼 시스템을 이해해야 하는 까닭이 여기 있다. 큰
흐름을 알면 문제가 구조적인 것인지 파생되는 것인지를 갈라서 파
악할 수 있을 것이기 때문이다. 플랫폼 시스템에 기생한 자들이 흡
혈바퀴처럼 거기 들러붙어 있는 모습도 볼 수 있을 것이다.

아래는 대리운전 노동을 관통하는 큰 흐름이다. 이 작업은 문
제 발생 원인을 쉽게 이해하고 대안을 모색하기 위한 첫 출발이다.

플랫폼과 플랫폼 경제 → 플랫폼 기업의 수익 구조 → 플랫폼
기업 수익과 노동의 관계 → 플랫폼 노동 → 호출형 플랫폼

플랫폼이라는 신종 브로커

'플랫폼'이라는 글자를 뜯어보면 'flat(편평한: 넓고 고르고 판판한) + form(모습)'이다. 흔히 떠올리는 기차 정류장 꼴이다. 내리는 사람과 오르는 사람이 플랫폼에서 만난다. 여기서 '구매자와 판매자 등 여러 사람이 편리하게 이용할 수 있는 공간'이란 뜻이 나온다. 이 공간에서 성립하는 사업 모델이 '플랫폼 경제'다. 동일하거나 유사한 목적의 서비스들을 취합, 분류, 통합하여 관리하는 유무형의 공간인데, 오늘날 웹사이트나 휴대폰 어플리케이션 같은 정보기술이 뒷받침되면서 무형의 플랫폼이 엄청나게 늘어났다. 이 무형 플랫폼에 모여드는 이용자들을 중개하여 수익을 만드는 것이 플랫폼 경제다.

이로써 알 수 있듯이 플랫폼 경제에 반드시 들어가는 핵심 요소는 둘이다. '이용자들 사이의 상호작용'과 '중개자'가 그것이다.

이용자들로는 소비자(서비스 이용자)와 공급자(노동자, 서비스 제공자)가 있다. 이용자들은 자신을 시장에서 생산하고 구매하는 경제행위자라기보다 플랫폼에서 활동하는 플랫폼 이용자로 인식하는 경향이 짙다. 이들은 플랫폼에서 여러 창조적 활동을 본의 아니게 '자발적'으로 수행하고 플랫폼을 매개로 상호작용한다. 그 활동 결과들이 플랫폼에 정보로 집약되는데, 플랫폼 기업은 이 정보를 주 수익원으로 활용한다.

플랫폼 기업은 플랫폼을 제공하고 정보를 중개하여 수익을 얻는다. 플랫폼 경제에서 중개자는 상품을 생산하거나 제공하지 않는다. 다른 사람이 생산한 재화나 서비스를 필요로 하는 소비자에게 연결할 뿐이다. 대리운전처럼 플랫폼을 제공하고 운전자를 이용자에게 콜로 연결하는 것이 대표적이다.

플랫폼 경제에서 중개자는 새로운 가치를 생산하지 않는다. 다른 데서 생산된 가치를 중개하고 실현하도록 보조하는 '브로커'와 같다. 중개자가 얻는 수익은 잉여가치 생산에 근거한 이윤이 아니라, 가치 이전 장소 제공과 중개로 얻는 지대(地代, rent)의 성격을 갖는다. 플랫폼 사업을 디지털 시대의 '신종 '거간꾼' 시장모델'이라 부르는 것도 이 때문이다.

플랫폼 기업은 이용자들의 무상노동으로 수익을 올린다

플랫폼 기업의 수익 원천은 플랫폼 이용자들이 만들어내는 다양한 활동의 결과물이다. 플랫폼을 이용하는 이용자 누구도 자기 행위가 플랫폼 기업에게 이익을 준다고 생각하지 않는다. 그런데 바로 그 무상으로 행한 활동 하나하나가 플랫폼 기업에게 수익을 안겨다 준다. 대리운전의 경우, 고객이 콜을 부르고 운전자가 응하는 순간부터 운전경로, 소요 시간 들이 모두 활동 결과물이다. 플랫폼 기업(프로그램사)은 수수료뿐 아니라 알고리즘으로 그 결과물들을 분석, 가공하여 새로운 제품과 서비스를 개발하고 활용하여 수익을 얻는다.

이용자들이 자기 활동 결과물을 플랫폼 기업에게 무상으로 증

여하겠다고 의사 표명하거나 플랫폼 기업이 무상이용하겠다고 이용자에게 동의를 구하는 경우는 없다. 동의하지 않은 것을 무상으로 독점하는 것은 분명히 문제가 있다. 이용자의 행위에서 거대한 이익이 발생한다면 그 행위들을 일종의 '공공재'로 볼 수 있다. 그렇게 얻은 수익을 이용자 또는 사회에 환원하게끔 하는 것을 전 사회적으로 토론할 때가 되지 않았을까.

플랫폼 기업의 수익은 크게 ① 수수료 ② 데이터 활용(광고 등) ③ 금융(브랜드가치)에서 나온다.

플랫폼 기업은 이용자에게 수수료를 부과하여 수익을 올린다. 소비자와 공급자 간 거래를 중개하는 플랫폼에서 주로 볼 수 있다. 대리기사들이 지출하는 비용에서 가장 큰 비중을 차지하는 것이 수수료다. 대리운전업체는 그에 더해 프로그램 사용료, 출근비(합류차 이용료 명목) 들을 따로 부과한다. 그것은 이미 수수료로 벌어들인 수익에 더 얹은 것이다. 프로그램 사용료를 부과하는 것은 마치 공장노동자에게 기계 사용료를 부과하는 것과 같다. 프로그램 자체가 수수료를 받기 위한 장치이므로 수수료 외에 별도로 징수할 아무런 근거가 없다. 출근비를 징수하는 것도 비슷하다. 이것은 마치 회사 통근버스비를 따로 내라는 것과 같다. 나아가 콜을 수행하느라 대리기사 개인이 부담하는 이동료(교통비)와 통신비도 회사 업무를 수행하기 위한 비용이다.

데이터를 취합, 분석, 가공하여 광고에 활용하거나 새로운 프로그램을 개발하여 판매하는 것, 거기에 특허권과 지적재산권을 설정하는 것도 플랫폼 기업의 수익에 기여한다. 앞서 봤듯이 수익의 원천은 명백히 이용자들의 활동과 노동이지만, 플랫폼 기업은 무상으로 취득한다.

세 번째가 금융 수익인데, 거대 플랫폼 기업의 이익 창출 중 가장 큰 부분을 차지한다. '카카오' 같은 브랜드 가치는 국내 재벌 10위 권 안에 들 정도로 높다. 플랫폼 기업은 활동 성과와 앞으로 벌어들일 수익을 근거로 금융시장에서 자본을 유치한다. 여기서 브랜드 가치가 주요한 기능을 하는데, 그 원천 또한 이용자들의 활동 결과물이다.

그림자 노동

플랫폼 기업들은 '(노동자를) 고용하지 않고 (이용자들을) 중개만 한다'고 한다. 이에 따라 노동하는 사람은 있는데 노동자는 없는 일이 생긴다. '고용 없는 노동'이 발생한 것이다. 이 주장은 '대리기사 같은 플랫폼 공급자는 노동자가 아니라 이용자 또는 회원일 따름이다', '플랫폼 기업은 사용자가 아니므로 노동법상 져야 할 책임이 없다' 같은 논리로 이어진다. 노동자 스스로도 노동자가 아니라 '자영업자'로, 나아가 '사장님'으로 여기는 경우가 상당하다. 그에 따라 노동자로서 마땅히 누려야 할 여러 권리나 사회적 안전망에서 배제당하게 된다.

플랫폼 기업의 수익 구조와 노동의 관계를 살펴서 그 긴밀한 연관을 밝히는 것은 플랫폼 기업의 사용자성과 플랫폼 노동자의 노동자성을 분명히 하는 문제로서 플랫폼 노동에서 벌어지는 많은 문제를 해결하는 데 중요한 논리를 제공한다.

플랫폼 노동은 알고리즘에 가려져 있어 '숨겨진 노동'으로 은폐돼 있다. 어떤 노동이 숨어 있을까? 이를 밝히려면 앞서 본 플랫폼 기업의 수익 구조에 어떤 노동이 기여하는지를 봐야 한다.

① 수수료 수익: 노동의 외부화

국토교통부 보고서(2020년)에 따르면, 대리운전의 알선수수료가 전국 평균 21.4%다. 20%를 수수료로 부과하는 업체가 73.7%로 가장 많고, 25%와 30% 부과 업체가 각각 11.6%로 같다. 수수료는 노동자가 부담하는 비용 가운데 가장 높은 비중을 차지한다.

수수료라는 게 성립하려면 반드시 그에 합당한 공급이 있어야 한다. 제공하는 재화나 서비스가 있어야만 수수료를 받을 수 있다. 재화나 서비스를 생산하는 것은 다름 아닌 노동이다. 대리운전 노동이 있기에 플랫폼 기업이나 대리운전업체가 수수료를 받을 수 있다. 분명히 노동을 제공한 사람이 있고, 그에 따라 수수료가 발생했는데 '노동자'가 없고 '사용자'도 없다. 노동이 사라져 버렸다!

이 노동이 은폐되는 것은 플랫폼이 생산 시스템 바깥에서 노동을 조달하기 때문이다. 이를 '노동의 외부화'라 한다.

노동이 외부화되면 그에 따른 책임이나 위험도 외부화된다. 즉 모든 책임은 노동력을 제공한 본인에게 고스란히 전가된다. 보험료, 프로그램 사용료나 출근비, 교통비, 식사비, 병원비 등은 모두 각자의 몫이 된다. 초창기부터 대리운전을 한 사람들은 보험료를 회사가 납부하던 시절을 기억한다. 회사가 '사용자'라면 대리운전도 회사 업무의 일환이기 때문이다. 교통비나 식사비, 각종 재해로 인한 비용 등도 회사 업무로 발생한 비용이 된다. '노동자성'에서 벗어났기에 치르는 비용은 이처럼 많고 크다.

대리업체들이 기어이 대리기사를 '노동자'로 대하기를 꺼리는 까닭을 이제 알 만하다. 마찬가지로 대리기사가 스스로를 노동자라 인식하고, 노동자성을 획득하기 위해 노력해야 할 까닭도 여기 있다. 현실은 어떠한가. 플랫폼 기업과 대리업체들은 일관되게 노동자의 노동자성을 부인하는데, 정작 노동자여야 할 대리기사들 상당수는 스스로를 노동자 아니라 여기고 있다.

② 데이터 활용과 금융 수익: 무료 노동

플랫폼 기업의 대표적인 수익 창출 방식인 데이터 활용과 금융 수익의 기반은 이용자들의 활동 결과물이다. 그 활동에서 막대한 수익이 나오지만 플랫폼 기업은 그에 대한 어떤 대가도 지불하지 않는다. 수익의 원천인 노동을 무상으로 수취하는 것이다. 플랫폼 기업은 이용자들의 무료 노동으로 만들어진 컨텐츠와 데이터를 독점적으로 소유하고 그것에서 독점 지대를 획득한다.

이 대목은 루소가 말한 '최초의 소유권 발생'을 떠올리게 한다. 누구의 소유도 아닌, 그래서 만인의 소유인 토지에 누군가가 울타리를 치고, '지금부터 울타리 안은 내 땅'이라고 선언하는 순간 소유권이 성립됐다는 것이다. 플랫폼 기업은 '중개'만 이야기하지 '활동 결과물 소유'는 말하지 않는다. 그것이 목적이 되는 순간 그에 합당한 대가를 지불해야 하기 때문이다. 이는 이용자들이 만든 활동 결과물에 울타리를 치고 소유권을 주장하는 것과 마찬가지다. 마치 당연한 듯이 데이터를 사용하는데, 과연 그래도 되는 것일까? 그 데이터를 이용하는 사람들이 수수료를 지불하듯이 데이터를 활용하는 자가 사용료를 지불하는 것이 당연하지 않은가.

③ 알고리즘: 비가시화된 노동

노동자들의 노동을 성립하게 하고 경로를 알려주는 등 노동 전반을 지배하는 알고리즘도 알고 보면 노동의 산물이다. 알고리즘 안에 프로그램을 설계하는 숙련된 노동자들이 숨어있는 것이다. 데이터를 선별하고 유지, 관리하는 것 등에도 당연히 노동이 들어 있다.

이것은 알고리즘에 인간의 의도가 작용한다는 말과 통한다. 알고리즘이 스스로 알아서 작동하는 것이 아니라는 것이다. 플랫폼 기업의 의도가 작용하는 한, 알고리즘에 따라 노동하는 노동자들에 대한 플랫폼 기업의 책임이 따른다. 이것이 알고리즘 공개 의무를 부여해야 할 근거다.

이상에서 알 수 있듯이, 플랫폼은 어느 하나 노동과 무관하지 않다. 그러기는커녕 생산과정뿐 아니라 이용자의 일상적 활동 영역까지 노동으로 만든다는 점에서 기존의 어떤 생산보다 광범위하고 압도적으로 노동에 의존한다. 그런데도 플랫폼 기업은 자신이 노동과 아무 상관이 없다는 논리로 포장해왔다. 플랫폼 기업에게 노동에 대한 대가 지불을 요구하는 것은, 그 지불 방식에 대한 논의와 별개로, 너무나도 당연한 일이다.

‘전속성’과 ‘지속성’을 근거로 플랫폼 노동자의 노동자성을 부인하는 것은 기존의 노동관으로 새로운 노동 형태를 진단하는 접근이다. 플랫폼 기업이 그렇게 '혁신'을 외치지만, 낡은 노동관을 내세워 새로운 가치 창출 없이 지대 수익을 올리는 '혁신적인 착취'를 보여줄 따름이다. 자본주의의 가장 낡고 추악한 단면을 혁신적으로 계승한 것이다. 플랫폼이 새로운 형태의 노동, 즉 보편적 노동을 만들었다면 그에 맞게 플랫폼 노동자의 보편적 노동권을 확립하는 것이야말로 진정한 혁신이라 할 것이다.

호출형 플랫폼

플랫폼 노동은 플랫폼이 노동을 조직하고 관리하는 방식에 따라 여러 유형으로 구분할 수 있다. 그것은 대체로 호출형, 관리형, 중개형, 전시형, 미세작업으로 나뉜다. 다음 표는 2020년 현재 부산의 플랫폼들을 유형별로 분류한 것이다. 전국 현황도 대동소이할 것이다.

호출형 플랫폼은 이용자가 주문하면 플랫폼 노동자를 즉각 호출할 수 있는 프로그램을 제공한다. 이 직종들은 예전에도 있었는데, 지역을 기반으로 전화나 무선으로 호출하던 것이 플랫폼이 제공하는 프로그램으로 바뀌었다. 호출형 플랫폼은 관리업체 존재 여부에 따라 경로가 조금 다르다.

관리업체가 있는 경우, 노동자들은 하나 또는 둘 이상의 지역별 관리업체에 소속되고, 그 관리업체가 사용하는 프로그램으로 호

노동 플랫폼 유형과 주요 플랫폼의 부산서비스 여부

유형		주요직종	부산서비스 가능	부산서비스 불가
지역기반	호출형	대리운전	카카오T, 로지, 콜마너, 트리콜	
		퀵서비스	로지	
		배달대행	생각대로, 바로고, 부릉, 배민라이더스, 쿠팡이츠, 배민커넥트	요기요플러스, 띵동
		모빌리티	마카롱택시	파파, 카카오벤티
	관리형	배송	쿠팡플렉스	고고엑스
		가사·돌봄·출장청소	대리주부, 맘시터, 미소	청소연구소
		펫시터	와요	도그메이트, 펫플래닛
		출장수리	컴119, 카랑	
웹기반	중개형	가사·돌봄	단디헬퍼, 이모넷, 당신의집사	자란다
		화물운송	전국24시콜화물, 원콜, 화물맨, 화물나누리	
		디자인·IT·등 전문프리랜서	크몽, 오투잡, 숨고	
	전시형	웹툰	레진코믹스, 봄툰, 케이툰	
		웹소설	조아라, 문피아, 리디북스	
		방송	아프리카TV	
	미세작업	서베이	엠브레인, 패널나우, 두잇서베이	
		마이크로웍스	바벨탑, 플리토(번역), 크라우드웍스(자료처리), 리맴버(명함타이핑)	

부산연구원(2020)

출을 받는다. 전통적인 방식으로 이용자가 지역 관리업체에 전화를 거는 경우가 대부분이다.

대리운전의 경우, 관리업체는 콜센터를 운영하고 이용자의 콜을 접수한다. 또 노동자를 모집하여 등록·관리하고, 노동자가 대리운전을 수행할 수 있도록 콜 정보와 관제 프로그램을 제공하며, 단체보험 가입과 관리, 노동자의 이동을 위한 셔틀(합류차)을 제공한다. 관리업체는 노동자에게서 대리운전 수수료, 보험 수수료, 출근비(셔틀 운영비 명목) 등을 받는다. 동일 프로그램을 사용하는 관리업체들이 연합체를 구성한다. 플랫폼 기업은 지역 관리업체와 노동자에게 프로그램을 제공하고 사용료와 수수료를 받는다. 전통적인 운영에 플랫폼이 위치추적 기능을 탑재한 프로그램을 제공하는 것이다.

모바일 기술이 발전하면서 중간 관리업체 없이 플랫폼 기업이 직접 사업을 운영하는 경우가 늘었다. '카카오T대리', '티맵 대리'(대리운전), '배민라이더스'나 '쿠팡이츠'(음식배달), '타다'(승객운송) 들이 대표적이다. 플랫폼 기업은 이용자와 노동자 양쪽 모두에 앱을 제공하고, 이용자가 요금을 지불하는 것도 현금 대신 모바일 상에서 가능하다. 플랫폼 기업은 노동자에게서 건당 수수료를 받는데, 이 안에 보험을 포함한 각종 비용이 포함된다. 노동자는 지역 관리업체를 거치지 않고 직접 플랫폼 기업에 등록한다.

다음 그림은 관리업체가 있는 경우와 없는 경우 모두를 합친 대리운전 플랫폼의 운영 구조다.

대리기사는 관리업체와 계약을 맺고 소속 업체가 사용 계약을 맺은 관제 프로그램을 사용, 업체가 속한 연합의 콜 정보를 공유하여 업무를 수행한다. 관리업체에 따라 사용하는 프로그램이 다르지

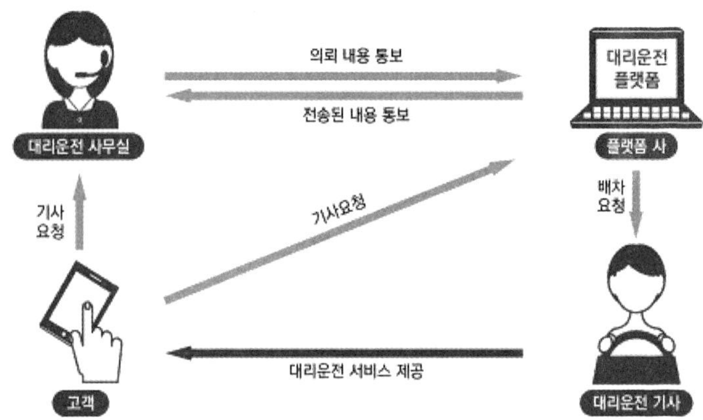

대리운전 플랫폼의 운영 구조
부산연구원(2020)

만, 대리기사는 복수의 관리업체와 계약을 맺고 복수의 프로그램을 사용하는 경우가 많다. 부산지역 대리기사의 평균 사용 프로그램 수는 2.2개(인권위 보고서는 3.39개), 소속 대리업체 수는 3개 이상이 35.2%로 가장 많다(문영만, 2021).

전국적인 사정도 비슷하다. 국토교통부 보고서에 따르면, 2013년에 비해 2020년 소속 대리업체 수는 1.4개에서 2.3개로, 사용 프로그램 수는 2.1개에서 3.0개로 늘었다. 특히 1개 대리업체 소속(74.3% → 33.4%)과 1개 프로그램 사용(27.4% → 14.0%) 비율이 대폭 감소했다(국토교통부, 2020).

노동과정과 통제수단

호출형 플랫폼 노동은 앱을 켜는 순간 출근해서 앱을 끄면 퇴근이다. 앱을 켜면 자동적으로 노동자의 현 위치가 표시된다. 다음 그림은 한 대리기사의 앱에 뜬 부산 서면 일대 풍경이다. 엄청난 경쟁을 시각적으로 확인할 수 있다.

서비스 이용자가 호출을 요청하면 거기서 가까운 노동자들에게 콜이 뜨고 콜을 선점한 사람이 일을 수행한다. 콜에 표시된 요금이 적절하지 않거나 원하지 않는 지역('똥콜', 부산의 경우 산복도로나 재송동 등이 대표적이다)이면 선택하지 않을 수 있다. 카카오의 경우 이를 방지하기 위해 가야 할 지역을 모호하게 표시하기도 하는데, 이처럼 목적지를 모르게 하는 것을 '깜깜이'라고 한다. 최근에는 '깜깜이'가 거의 없어졌지만 산꼭대기에 아파트나 거주지가 많은 부산지역은 주소로만 찍어서 대리기사가 곤란을 겪기도 한다.

'카카오T대리' 앱 창에 뜬 2023년 1월 7일 밤 10시 48분 부산 서면 일대.
대리기사들이 빡빡하게 밀집해 있다.

'카카오T-대리'의 경우 아파트가 평지에 있으면 아파트 이름을 명시합니다. 근데 산꼭대기 아파트 경우는 아파트 이름 대신 주소로 찍어요. 초보는 그걸 잘 몰라서 가는데, 가보면 아파트가 산꼭대기에 있어서 빠져나오기가 여간 난감한 게 아닙니다. AI가 주소로 찍는지 손님이 그러는지는 알 수 없어요. 일반 기존 업체는 동주소로 날라 들어옵니다. 알아서 선택하는 거죠.

콜을 먼저 잡기 위한 경쟁은 치열하다('전투콜'). 고객 유치가 우선인 플랫폼 기업이나 관리업체에서 많은 콜을 잡기 위해서 기술적으로 불이익을 주기도 한다. 일정 시간 안에 선택 여부를 판단하지 않을 때 무조건 콜을 (거부가 아니라) 승인한 것으로 간주하거나, 일정 횟수 이상 콜을 거절한 경우 호출을 2~3초 늦게 뜨도록 하거나 아예 콜을 주지 않기도 한다. '숙제'라고 하여 일정 시간에 일정 콜을 수행하게 하고 지키지 못한 노동자에게 불이익을 주기도 한다. 심한 경우 해고하기도 한다. 취업 절차가 따로 없는데 무슨 해고냐 하겠지만, 콜 계정을 정지하는 순간 곧바로 해고가 된다.

제3장

플랫폼에 빨대 꽂기

　받아들이기 힘든 저임금·장시간 노동은 플랫폼 노동 시스템과 긴밀한 연관이 있다. 달리 말하면 플랫폼과 지역 관리업체가 이 시스템에 들러붙어 노동자에게 '빨대'를 꽂은 구조라 할 수 있다. 대리기사들의 업체에 대한 불만은 여타 플랫폼 노동과 비교해도 지나칠 만큼 높은데, 과도한 비용 지출과 직결된다. 아래 표는 2021년 현재 부산지역 대리기사들의 월평균 지출 비용과 그 비중이다.

월평균 지출 비용

지출 내역	월평균 지출비용(만원)	지출 비중(%)
① 수수료	45	46.7
이동비용	12	12.5
② 보험료	11	11.2
③ 합차비(출근비)	10	10.6
통신비(휴대폰 등)	8	8.6
④ 프로그램 사용료	6	6.1
기타	5	4.3

부산이동노동자지원센터(2021)

머릿수 장사

　이 중 문제가 되는 것은 ① 수수료, ② 보험료 중 단체보험 중복가입과 수수료, ③ 합차(셔틀버스)비, ④ 프로그램 사용료다. 카카오는 수수료 20% 안에 모든 비용이 포함돼있다. 비용 문제를 보면 카카오에 가입하는 것이 가장 유리하지만, 전화로 콜을 부르는 것이 일상화돼있다 보니 카카오 이용률은 20% 선을 넘지 못하는 실정이다.

이 비용들은, 그 정당성도 따질 문제가 많지만, 이른바 '기사장사'로 악용되고 있다. 대리기사가 A업체(프로그램)에 등록하면 가상계좌에 선불금을 입금하는데, 거기서 수수료는 물론 단체보험(+수수료), 출근비(합류차(셔틀버스) 이용료), 프로그램 사용료가 건별(①, ②) 또는 매일(③, ④) 빠져나간다. 프로그램 하나로 일하기 힘들어서 B업체(프로그램)에 등록하면 단체보험을 또 들어야 하고(중복가입), 그 업체 출근비와 해당 프로그램 사용료를 지불해야 한다. 보통 프로그램 서너 개(많게는 9개)와 업체 두세 곳에 등록하는데, 그때마다 ②, ③, ④의 비용이 추가된다.

대리업체들이 대리운전을 훌륭한 '알바'인 것처럼 포장하여 대리기사 유치에 열 올리는 바탕에는 이런 '기사 장사'가 깔려 있다. 출근, 그러니까 앱을 켜는 순간 빠져나가는 ③과 ④는 그야말로 기사 머릿수만큼 돈 벌 수 있는 '노다지'다. 한 콜이라도 더 받기 위해서, 조금이라도 편하게 합류차를 이용하기 위해서 대리기사들은 다수의 프로그램에 등록하고 몇 개 대리업체들에 중복 가입할 수밖에 없다.

이 관행들은 복잡하게 따질 것도 없이 관리업체의 상도덕과 연관된 문제다. 대리기사들도 이 관행이 부당하다는 것을 잘 안다. 그런데도 배차 프로그램에 의존할 수밖에 없고, 합류차 없이는 '오지'를 '탈출'하기 힘든 기사들로서는 '울며 겨자먹기'로 '눈 뜨고 코 베이는' 이 시스템을 받아들일 수밖에 없다. 여기에 '숙제'나 '벌금' 같은 것들이 덧붙어서 비용을 추가하고 노동자를 통제하는 기능을 한다.

기사 장사의 끝판왕, '트리콜'

지역의 전통적인 업체인 '트리콜'은 독특한 시스템을 운영하는데, 등급별로 나누어 주 단위로 수수료(주납)를 징수한다. 1주일 내내 탈 수 있는 '세븐탑'은 203,200원, 오후 8시부터 12시 30분까지인 '에이스'는 121,000원을 주납으로 선지불하는 형식이다.[5] 여기 등록하지 않은 기사들을 '프리'라고 하는데 이들은 카카오처럼 건당 20% 수수료를 지불한다. 트리콜 '세븐탑'의 경우 월 880,533원(203,200×52(주)÷12(월))에 달하는 수수료를 지불하게 되어 평균 수수료 45만 원의 두 배에 이른다.

여기서 한 가지 의문이 생긴다. 카카오처럼 수수료 20%만 내면 되는 '프리'가 있는데 왜 대리기사들은 굳이 주납을 선택하는 걸까? 나름의 혜택이 있기 때문이다. 트리콜이 제시하는 혜택은, 정장 사진을 사진방에 올리면서 '탑에이스'라는 직급을 부여하여 우선 배차를 한다는 것이다. 그건 회사 이야기고, 실제 '세븐탑'에 등록한 기사들이 주납을 선택하는 이유는 다른 데 있다.

혜택이란 건 말이 그런 거고, 전업으로 하는 사람은 어차피 '세

---

5 이 주급도 2022년 2달 간격으로 7월까지 두 차례에 걸쳐 10%씩 인상한 것이다. 동의를 구하지 않고 일방적으로 인상한 것이어서 기사들의 불만이 높다. 8월 18일에는 한동안 받지 않던 출근비까지 징수하기 시작했다.

븐탑'밖에 등록할 데가 없어요. 저처럼 낮 콜을 타거나 하루종 일 일하는 사람은 20% 수수료보다 더 많이 콜을 잡으면 그게 더 이익이거든요. 타면 탈수록 수수료가 낮아지는 셈이니까요. 그래서 신청하는 거죠.

타는 만큼 이익이라는 생각에 많이들 가입을 하는 것이다. '돈 벌려면 트리콜'이라는 말이 절로 나올 수밖에 없는 구조다. 그 결과 가 과로로 인한 사고와 심각한 질병이다.

콜을 얼마를 타든 주급은 자동으로 빠져나가요. 콜 많이 타야 평균 수수료가 내려가잖아요? 미리 내났기 때문에 콜만 보이면 만 원짜리든 뭐든 막 탑니다. 기사들의 '자기 착취'#가 이뤄지는 거죠. 트리콜 사고율이 제일 높고, 급사하는 기사들이 제일 많 습니다. 주납이 자기 착취의 주범이고 원흉입니다. 트리콜 보험 률이 높은 것도 사고율이 높기 때문입니다.

문제는요, 심장마비로 급사한다든지 길가에 앉아 있다가 갑자 기 정신을 놔버린다든지 하는 일이 실제로 벌어진다는 거예요. 낮에 자면서 양은 냄비 뚜껑에다가 전화기를 진동으로 해서 올 려놓아요. 그냥 진동으로 해놓고 깊은 잠에 빠지면 못 듣거든요. '와아앙' 진동 울리면 눈 뻘겋게 잠 한 시간 반, 두 시간 자고 정 신도 없는데 일어나서 나갑니다. 야간보다 낮 콜 요금이 좋거든 요. 미리 주급을 내놓으니까 그거 만회하느라 냄비 뚜껑에다 전 화기 올려놓고 자는 그런 경우가 세상천지에 어딨겠습니까.

\# '자기 착취'라는 말

잠깐, '자기 착취'라고? 인터뷰하면서 많은 대리기사들에게서 들은 말인데, 묘하게 껄끄럽다. 기억을 더듬으니 2010년도에 나온 한병철의《피로사회》에 나온 말이다. 그는 이렇게 묻는다.

'더 많이 일하면 더 높은 성과를 인정받고 더 많은 보상을 얻는다. 그렇게 하라고 강요하거나 시키는 사람도 없건만 나는 나의 자유의지로 죽도록 일하고, 그 결과로 죽을 만큼 피로해진다. 스스로에게 물어보자. 나는 과연 주인인가, 노예인가?'

그러니까 자본주의 시스템이 생산성을 최대화하기 위해 사람들에게 자유를 주었는데, 거기서 '뭐든 할 수 있다'는 긍정의 과잉이 생겨났고, 그 때문에 사람들은 자기 스스로를 착취하게 됐다는 것이다.

현대는 '성공', '성과'를 중심에 놓고, 그것을 선택하고 이룰 수 있는 건 다름 아닌 나 자신이라는 성공 신화를 만들었다. 자본주의가 진화한 것이다. 그래서 사람들은 가해자이자 피해지기 되이 지쳐 쓰러질 때까지 자기를 착취한다. 우울증·성격장애 등 신경성 질환들은 그 결과물로서, 목표와 결과의 괴리에서 생긴다.

이 설명을 들으면 대리기사들의 '자기 착취'가 성립하는 말인 것 같기도 하다. 그런데도 묘하게 거슬리는 것은, 대리기사들에게 '성과'란 무엇일까 싶어서다. 아주 잘 번다 해봤자 정규직 노동자 평균 임금 수준인데, 훨씬 긴 노동시간, 그것도 야간노동을 하면서 버는 것을 '성과'라 할 수 있을까? 주휴수당이나 유급 휴일, 야근수당 하나 없이 온몸을 '갈아넣는' 것을 '자발적으로' 한다고? 더구나 타인의 인정이라니! 대리기사를 세상 누가 인정한다고? 당사자들조차 남에게 대리운전한다는 걸 숨기는 판국인데? 대리기사가 겪는 과로에서 오는 질병이나 각종 갑질에 시달려 생기는 스트레스는 성과주체들의 질환과 성격이 다르다.

자본주의 시스템이 스스로를 착취하게 만들었다는 말에 동의하더라도, 무언가 '성과'나 '성공'을 위해서 그런 선택을 한다는 말에는 동의하기 어렵다. 대리운전은 별것 없는 결과물이나마 그것 없이는 생존하기 힘든 사람들이 어쩔 수 없이 선택하는 노동이라는 설명이 더 어울려 보인다.

'자기 착취'라기에는 플랫폼과 관리업체에게 착취당하는 모습이 너무나 선명하다. '알고리즘을 빙자한 규율'에 얽매인 모습 아닌가! 내가 이 용어에 유난을 떠는 것은, 행여 '자기 착취'라는 말이 부당하고 노골적인 착취를 은폐하는 데 이용될까 봐서다.

반대로 '프리' 기사들에게는 불이익이 있다. 하루 5회 이상은 반드시 콜에 응해야 하고, 3회를 못 채우면 합류차를 이용하지 못한다. 이런 강제조항을 두는 것은 다른 회사나 다른 프로그램 사용을 억제하고(시장 방어) 자회사 콜 수를 늘려 시장을 확장하기 위해서다. 불만을 드러내면 계정을 해지하는데, 대리기사에게 계정 해지란 곧 해고를 뜻한다.

트리콜은 합류차 시스템 등이 잘 돼 있는 것으로 알려져 있다. 그러다 보니 불만이 있더라도 울며 겨자 먹기로 주납에 가입을 하게 된다. '기사 장사'는 비용 중 수수료 아닌 나머지로 남기는 데서 주로 나오는 말인데, 주납을 운영하는 트리콜에서는 수수료에서도 그 말이 나온다. 대리점과 총판, 회사로 이어지는 '다단계' 형태로 기사 머릿수로 수익을 올리는 것이다.

> 회사라는 건 매출로 수입을 남겨야 되는데 대리업체들은 대리기사 머릿수로 수익을 올리거든요. 트리콜은 회사가 기사를 모집하는 게 아니고 지점장이 사비로 광고비 들여서 모집해요. '주납'에서 5만 원을 지점장이 먹고 총판이 3만 원, 나머지를 회사가 먹어요. 매출이 많든 적든 상관이 없어요. 현재 하루 트리콜 로그인 기사 수가 1,900명쯤 될 겁니다. 이중 1,000명을 등록 기사로 보면 주납으로 벌어들이는 액수를 짐작할 수 있죠. 그러니 기사 모집에 혈안이 돼서 수단 방법을 가리지 않지요.

(이 정도가 아니다. 트리콜에는 '엘리트'라는 등급(계급!)이 있는데, 여기 속한 기사는 주급을 내지 않는다. 그러니까 수수료를 내

지 않고 콜을 탈 수 있는 것이다. 수수료 면제라니, 실로 어마어마한 혜택이다. 대체 누가 이런 대접을 받을까? 낮 시간대에 회사 일을 하고 저녁에는 콜을 탄다. 회사 일은 월급을 아예 받지 않거나적은 액수만 받는 대신 수수료 없는 콜을 타는 것이다. 겉보기에는 엄청난 혜택을 누리는 것 같지만, 사실 이 '엘리트'들은 고달프다. 회사 일에 대리운전까지 해야 하니 기나긴 노동시간을 감당해야지 않겠는가. 공짜 내지 헐값으로 회사 일 시키고 그 대가를 수수료 면제로 지불하는 시스템이라니, 플랫폼이라는 첨단 포장지를 두른 봉건적 행태가 아닐 수 없다. 이런 경영도 있는 것이다.)

수수료 20%는 정당한가

수수료는 지출 가운데 거의 절반을 차지한다. 이전에는 35%였는데, 2016년 '카카오T대리'(전 '카카오드라이버')가 시장에 진출하면서 20%를 책정하자 '로지'와 '콜마너' 등 다른 프로그램들도 20%로 조정했다.

처음 대리운전 시장에 진입할 때, 카카오는 대리기사들에게 많은 혜택과 지원을 약속했다. 기본요금 인상과 수수료 폐지(10%로 기억하는 사람도 있다) 등의 약속에 기사들은 열광했다. 그러다가 다른 대리업체들이 '골목상권을 침해한다'며 반발하자, 20%로 결정했다.

대리기사들의 배신감이 폭발한 것은, 2019년 11월 카카오가

'프로서비스'를 도입했을 때다. 프로서비스에 가입하여 월 22,000 원을 지불한 기사에게 콜을 먼저 받을 수 있는 '프로단독배정권'을 매일 2개씩 지급하는 것이다. 미가입 기사들에게는 '똥콜'만 주어 지니 대다수가 가입하지 않을 수 없게 되었다. 결과적으로 대리기 사 대부분이 가입하여 효과는 없고 비용만 늘어난 꼴이 됐다. 처음 수수료 외에는 어떤 비용 부담도 대리기사에게 지우지 않겠다고 한 약속을 휴지 조각으로 만든 것이다.

프로서비스는 '트리콜' 같은 업체들이 '세븐탑' 같은 등급을 만 들어 돈 많이 내는 대리기사들에게 우선 배차하는 것을 본뜬 것으 로, 거대 플랫폼 기업이 대리업체가 차려놓은 밥상에 숟가락을 얹 은 것과 같다. 부산지역에서는 카카오가 트리콜 임원진을 스카웃했 다는 소문이 퍼지기도 했다. 이 문제로 노동조합이 공정위와 금감 위에 제소했지만, '선택권이 주어졌다'는 이유로 패소했다. 배차권 을 쥐고 비용 부담을 강요하는 권력의 손을 들어준 것이다. 카카오 의 행태에 대한 대리기사들의 불만은 상당하다.

처음 카카오가 시장 진출한다 했을 때 열광했어요. 기본요금을 15,000원으로 하고, 수수료 없애고, 카카오 면접장 앞에 노조 결성 부스 만들고 하는데 안 그랬겠어요? 우리 대리기사 밴드 이름 '카부기'도 처음에는 '카카오드라이버부울경대리운전기사 밴드'였어요. 얼마 안 가 기대가 실망으로 변하면서 이름을 바 꿨어요. '카부기'는 많이 알려졌으니까 그대로 두고, 대신 '카카 오드라이버'를 '카드라이버'로 하는 걸로요.

카카오는 아예 대놓고 단독배차권(단배) 서비스를 하잖아요. 돈을 납부하는 기사한테는 콜도 빨리 보내주고 단배 프로그램을 쓰지 않는 기사한테는 한 10초 후에 보내주죠. 2만 2천 원을 받고 프로단배 서비스를 하는 것부터가 불평등입니다. 돈 내고 콜 사는 거잖아요. 눈에 안 보이지만 자기들 회사에 우호적으로 활동하는 기사한테는 우량 콜, 요금 좋은 것, 가까운 데 가는데 몇만 원 찍힌 것 주고, 눈 밖에 난 기사들한테는 주겠습니까.

이 '프로서비스'는 2022년 10월 6일, 전국대리운전노동조합과 카카오모빌리티의 교섭에서 점진적으로 폐지하는 데 합의했다. 그러나 2023년이 시작된 지금까지 이 제도는 여전히 진행 중이다. 끝나봐야 끝나는 것이다.

가장 큰 쟁점은 수수료 인하 문제다. 대리기사 단체들과 노조는 20%인 수수료 인하를 지속적으로 요구해왔다. 이에 대한 카카오모빌리티와 티맵모빌리티 등 거대 플랫폼의 답변은 "다른 업체들의 반발 때문에 할 수 없다"는 것이다. 반발이 없다면 0~20%의 변동수수료를 도입할 수 있다는 것이다. 기존 대리업체들이 "대기업들이 막대한 자금력을 동원하여 골목상권을 장악하려고 한다"고 반발하는 것이 가장 큰 걸림돌로 보인다.[6]

사실 거대 플랫폼 기업들의 주 수입원은 수수료가 아니다. 제2

---

6   '이데일리', 2022.10.12. [단독]카카오·티맵 수수료 인하 가로막는 콜업체…20% 관행, 왜? "카카오 이어 티맵도 0~20% 탄력 인하 검토했으나 콜업체 반대에…티맵, 대리운전 중개료 20%로 결정"

장에서 봤듯이, 데이터 처리와 활용, 금융 수익으로 얻는 이익이 훨씬 크다. 그렇다고 플랫폼 기업들이 순순히 수수료 수입을 포기할 것이라 보는 것은 순진하다. 그럴 것이면 애초에 '프로서비스' 같은 시스템을 만들지도 않았을 것이다. 카카오모빌리티가 대리노조와 교섭하는 과정에서 스스로를 '사용자성 없다'고 하여 교섭을 지연한 사실도 이를 입증한다.

플랫폼 기업들은 최근 대리업체들과 제휴하거나 합병하는 추세다. 만약 수수료를 인하하거나 없앨 마음이 있었다면, 이 과정에서 얼마든지 수수료율을 개선할 수 있었을 것이다. 불행히도 그런 움직임은 어디에서도 찾아볼 수 없다.

이와 관련해 부산이동노동자지원센터(도담도담)는 수수료율 10%의 '공공 호출앱' 도입을 주장한다.[7] 역시 대리업체들이 여기에 반발하는데, 전가의 보도처럼 '골목상권 침해' 따위를 꺼내 든다. 과연 그들이 '골목상권'인지, 오히려 몇 대리업체의 민간 독점이 아닌지, 대리기사들을 각종 비용으로 이중삼중 착취하면서 어떤 합의를 위한 노력도 하지 않는 그들을 언제까지 지켜만 봐야하는지 의문이다.

7　부산이동노동자지원센터, '이동·플랫폼 노동 이슈IN' 2호, 「대리운전 공공플랫폼 성공 가능성 검토」, 2022.07.

이중 삼중으로 내는 보험료

단체보험 중복가입과 수수료는 오랫동안 문제가 되어왔고 정치권에서 해결책을 내놓기도 했지만 여전히 남아 있는 문제다. 단체보험 중복가입은 대리기사가 소속된 업체마다 대리운전 보험을 가입하는 데서 생기는 문제다. 대리업체들은 개인보험이나 다른 업체 단체보험을 인정하지 않고 반드시 자기 업체 단체보험에 가입할 것을 요구해왔다. 보험 가입 여부를 확인하기 힘들다는 것이 가장 중요한 명분이다. 그에 따라 대리기사들은 이중 삼중으로 보험료를 납부해야 하는 부담이 생긴다.

국토교통부(2020.04) 조사에 따르면 95개 대리운전업체 중 86.3%가 대리기사 단체보험 가입을 의무화하고 있다. 단체보험 한 개 당 월 평균 보험료는 98,650원(전국, 부울경 95,085원)이다. 대리기사가 보통 2~3개의 대리업체에 등록을 하는 점을 감안하면 보험료 부담은 훨씬 커진다.

다음 표는 '2020년 대리기사들이 가입한 대리운전 보험 개수'와 '2020년 월평균 대리운전 보험료' 현황이다. 평균 1.7개(부울경 2.1개) 가입했고, 부울경의 경우 3개 이상도 26.9%에 이른다. 또 전국 전업 대리기사와 부울경의 70% 정도가 10만 원 이상의 보험료를 지출하고 있다.

대리기사의 단체보험 중복가입 문제는 관계부처 협의를 거쳐 2021년 4월 더불어민주당이 대책을 발표했다. 대리업체가 '개인보

'20년 가입된 대리운전 보험 개수

	1개	2개	3개	4개	5개 이상	평균
전국	49.9%	37.7	9.1	1.9	1.5	1.7개
부울경	34.8	38.4	16.1	6.3	4.5	2.1개

국토교통부(2020)

'20년 월평균 대리운전 보험료

	6만원 미만	6만원대	7만원대	8~10만원 미만	10~30만원 미만	30만원 이상	평균
전업 (전국)	9.5%	4.5	3.6	12.3	65.4	4.7	135,326원
부울경	10.7	7.1	4,5	8.9	63.4	5.4	135,368원

국토교통부(2020)

험 가입 여부 확인이 힘들다'고 해서 대리기사의 개인보험 가입 여부를 '실시간으로 확인할 수 있게' 한 것이다. 그러면 문제가 해결되었을까? 일부 업체들은 정부 대책에 따랐지만, 여전히 문제 해결은 되지 않고 있다. 업체의 단체보험 가입 강요를 제재할 장치가 없기 때문에 지발적으로 따르지 않으면 손을 쓸 수가 없다.[8]

　　단체보험이 안고 있는 대표적인 문제는, 한 사람이라도 큰 사고를 내면 단체보험 가입자들의 보험 금액이 그만큼 올라간다는 점이다. 여기에는 업체들이 사고를 처리할 때 무조건 고객 편에서 보상을 진행한다는 점도 작용한다. 고객이 우격다짐으로 항의를 하면

8　'헤럴드경제', 22.09.08. "車보험료만 100만~200만원"…2년째 방치된 '대리기사 보험중복 가입'

업체는 고객 유치 차원에서 대리기사 의견이나 사고 정황과 무관하게 보험으로 해결해버려서 보험료 상승을 부추기는 것이다. 그렇게 하더라도 업체가 손해 보는 일은 전혀 없다.

이런 문제는 개인보험으로 처리하면 쉽게 해결할 수 있다. 그런데도 업체들이 단체보험을 고집하는 데는 금전적인 이유가 있다고 대리기사들이나 기사협회는 의심한다. 대리업체가 보험 업무를 대행하면서 관리비 명목으로 횡령하거나 보험회사와 결탁하여 리베이트 등의 거래가 있지 않은가 하는 것이다. 일선에서 직접 겪었다는 증언도 있다.

제 실제 사례인데, 트리콜에서 2020년 11월에 보험료 인상이 있었어요. 1년 보험료가 거의 연 2백만 원 정도 된다더군요. 그래서 안 들겠다 하니까 점장이 개인보험으로 돌리면 조금 나아진다더라고요. 그건 162만8천 원인가 그래요. 그걸 들었죠. 1년이 경과한 2021년 11월이 보험갱신일이라서 보험사에 직접 보험료를 물어보니까 117만 얼마래요. 연식이 늘었는데 보험료는 45만 원 가량 싸게 된 거죠. 어찌 된 영문인지 알아보니까 대리점이 중간에서 그 돈을 떼먹고 있었던 겁니다. 회사에 가입하면 거기에 또 40만 원가량 덧붙고. 사기친 거나 마찬가지죠.

실제 국토교통부 조사를 보면, 전국 대리기사의 32.6%, 부울경 기사의 31.0%가 업체에서 수수료를 받는다고 응답했다. 아래 표를 보면, 부울경 기사의 단체보험 월평균 수수료가 30,466원(전국은 28,182원)으로 조사되어, 업체는 보험료의 약 32% 수준을 수수료로

	1만원 미만	1~2만원 미만	2~3만원 미만	3~4만원 미만	4~5만원 미만	5만원 이상	평균
부울경	20.0%	17.1	20.0	17.1	5.7	20.0	30,466원
전국	9.6	23.7	13.2	31.6	7.5	13.6	28,182원

국토교통부(2020)

부과하고 있다. 더구나 월평균 3만 원 이상을 수수료로 부과한 비율이 42.8%에 달한다. 전국 단위로 하면 이 비율은 52.7%로 대폭 늘어난다. 위 발언자가, 회사가 연 40만 원가량을 수수료로 떼어갔다고 말한 것이 결코 과장이 아닌 것이다.

교통비 지원은 못할망정

다음 그림은 트리콜 대리기사가 앱을 켜자마자 빠져나간 비용들이다. '주당정액'은 이른바 '주납'이라는 것으로 일주일 첫날에 나간다. 아래 둘은 매일 나가는 것인데, '출근비'는 셔틀버스(합류차) 이용료 명목이고 '솔루션관리비'는 프로그램 사용료다. 이 기사가 3개 항목 비용으로 일주일 지출하는 액수는 203,200 + 4,000×7 = 231,200원이고, 4주를 합치면 90만원을 훌쩍 넘는다. 기타 비용을 합쳐서 월 1백만 원 이상이 비용으로 나가는 것이다. 이 대리기사는 트리콜 등급 중 '탑세븐'으로 전적으로 대리운전만 하는데, 이 비용을 감당하려면 긴 노동시간을 감수할 수밖에 없다.

대리업체들이 운영하는 합류차는 대리기사들이 하루 일을 마치고 이용하는 버스인데(경로가 겹치면 이동용으로도 이용할 수 있다), 새벽 일정한 시간대별로 귀가('탈출')하기 힘든 외곽('오지') 중심으로 운영한다. 초창기에는 합류차 비용을 받지 않았는데, 운영상의 이유를 내세워 거의 모든 대리업체들이 3천원에서 4천5백원까지 비용을 원천 징수한다.[9] 모바일 중심인 카카오는 따로 운영하지 않는다.

```
2022-08-24 13:12:46  출금    203,200
주당정액              잔액     26,079

2022-08-24 13:12:46  출금      3,000
관리비
출근비                잔액    229,279

2022-08-24 13:12:46  출금      1,000
솔루션관리비          잔액    232,279
```

트리콜 기사의 앱 창

앱을 켜면 '주당정액'은 주에 한 번, '출근비'와 '솔루션관리비'는 매일 빠져나간다.

---

9 트리콜은 잦은 정책 변경으로 악명 높다. 출근비를 받다 말다를 워낙 자주 해서다. 오죽 하면 '회사 이름('삼주트리콜') 잘 지었다', '삼주면 바뀔 것'이라고 하겠는가. 트리콜은 지금까지 받지 않던 출근비를 지난 2022년 8월 18일부터 다시 거두기 시작했다. '배차 시스템을 좀더 빠르게 기사들에게 편리하게 제공한다'는 명분을 내세웠다. 출근비는 영업이 잘 될 때, 즉 기사들이 많이 유입될 때 거뒀다가 불만이 쌓이고 이탈자가 늘어나면 폐지한다. 이것을 반복하는데, 결국 매출 향상보다는 기사들 머릿수로 수익을 올린다는 것을 스스로 확인하는 꼴이다. 이처럼 임의로 걷는 출근비라면 애초에 징수할 근거는 없다 할 것이다.

없음	1개	2개	3개	4개 이상	평균
3.0%	16.1	28.6	35.2	17.1	2.3개

부산이동노동자지원센터(2021)

위 표는 부산지역 대리기사들이 소속된 대리운전업체 개수다. 이를 비율로 따지면, 3개, 2개, 4개 이상 순이다. 3개 이상 업체에 소속한 기사만도 52.3%에 이른다. 이렇게 다수의 대리업체와 계약을 맺는 가장 큰 이유가 바로 합류차 때문이다. '탈출' 수단 없이 '오지'에 떨어지면 히치하이킹을 하거나 걸어서 나오거나 택시를 이용해야 한다. 시 외곽 위주로 타는 기사들은 경남지역 업체까지 계약하기도 한다. 카카오에만 등록한 기사들은 막차 시간을 넘긴 콜을 포기해야 하기에, 오로지 합류차 때문에 업체와 계약하기도 한다.

다음 표는 '2020년 업체 운영 셔틀 월평균 이용료'다. 전국 월평균이 69,489원인데 비해 부산/울산/경남과 대구/경북은 9만 원대에 이른다. 특히 수도권의 5만 원 안팎과 비교하면 영남권의 셔틀 이용료가 2배가량 높다는 사실을 확인할 수 있다. 10만 원 이상 지출하는 대리기사 비율도 지방이 수도권을 압도한다. 이처럼 차이가 큰 것은 수도권의 대중교통망이 지방보다 발달했기 때문이다. 그만큼 지방 대리기사의 합류차 의존도가 높다.

앞서 봤듯이 출근비는 프로그램 사용료와 함께 앱을 켜자마자 자동 인출된다. 심하게는 앱을 켜지 않아도 가상계좌에서 자동 인출되고, 잔액이 없을 때는 마이너스 통장 처리하는 지역업체도 있

'20년 업체 운영 셔틀 월평균 이용료(표본 수 적은 지역 생략)

	5만원 미만	5~10만원 미만	10~15만원 미만	15~20만원 미만	20만원 이상	평균 (원)
전체	38.8	40.3	12.1	2.9	5.9	69,489
서울	57.6	27.3	12.1	0.0	3.0	51,030
인천/경기	50.0	44.0	4.8	1.2	0.0	46,000
부산/울산/경남	20.2	45.2	20.2	6.0	8.3	93,393
대구/경북	30.0	45.0	7.5	2.5	15.0	92,450
광주/전라	44.4	16.7	22.2	5.6	11.1	72,278

국토교통부(2020)

다. 경남지역 대리업체 95%가 그렇단다. 그날 콜을 하나도 받지 않거나 합류차를 이용하지 않더라도 무조건 지불해야 하는 비용이다.

다음의 표는 2020년 대리운전 종료 후 이용한 이동 수단이다. 각 지역의 교통 사정을 반영한 듯하여 흥미롭다. 부산/울산/경남의 셔틀 이용률은 74.3%로 전국에서 가장, 압도적으로 높다. 부울경 대리기사들이 앱을 켜자마자, 심지어 눈만 떠도 출근비를 지출하는 것을 감안하면 합류차를 이용하지 않고 출근비를 내는 경우가 상당할 것이다.

합류차는 대리운전업체가 당연히 갖춰야 할 설비이므로 사업 비용으로 처리하도록 의무화하는 것이 타당하다. 대리기사들은 '합차비 징수는 회사 통근버스 이용료를 받는 것과 마찬가지'라고 불만을 표한다. 트리콜의 경우 월 2억 이상 수익이 오직 출근비와 프

'20년 대리운전 운행 종료 후 이동수단(%, 복수응답)

	버스	셔틀	택시	킥보드 등	개인차 2인1조	도보	자전거	지하철 등	기타
전체	62.1	39.0	37.0	15.3	15.1	11.4	6.3	1.1	2.3
서울	83.8	33.3	55.6	9.1	2.0	7.1	20.2	0.0	0.0
인천/경기	71.2	37.2	42.9	13.3	9.3	13.3	3.5	2.2	2.7
부산/울산/경남	65.5	74.3	38.9	5.3	7.1	8.0	8.8	0.0	1.8
대구/경북	40.5	50.6	19.0	13.9	21.5	19.0	0.0	1.3	3.8
대전/세종/충청	52.4	12.2	26.8	29.3	26.8	11.0	3.7	1.2	2.4
광주/전라	35.1	24.3	25.7	35.1	32.4	9.5	2.7	0.0	2.7
강원/제주	59.3	14.8	25.9	3.7	44.4	11.1	6.5	1.2	2.2

국토교통부(2020)

로그램 사용료에서 나오는 것으로 추산된다. 대리업체가 요금보다 대리기사 인원수로 장사한다는 말이 나오는 것은 실제 현실과 일치한다.

기계 사용료를 내시오

대리기사들이 사용하는 프로그램에도 일정 사용료가 부과된다. 트리콜은 1,000원, 그외 프로그램은 대개 500원이다. 부울경 대리기사의 91.2%가 프로그램 사용료를 지불한다고 응답했는데, 니

머지 8.8%는 카카오에만 등록한 숫자일 것이다. 개당 일 500원으로 잡으면 월 15,000원쯤인데, 프로그램 사용수에 따라 액수가 커진다. 아래 표들은 각각 '2021년 부산 대리기사들이 사용하는 프로그램 현황'과 '2020년 부울경 대리기사들의 월평균 프로그램 사용료 분포'다.

'21년 사용 프로그램(부산)

카카오	로지	콜마너	트리콜	기타
71.6%	66.0	60.0	12.6	13.5

부산이동노동자지원센터(2022)

'20년 월평균 프로그램 사용료(부울경)

15,000원 미만	15,000 ~ 30,000	30,000 ~ 45,000	45,000 ~ 60,000	60,000 ~ 75,000	75,000 ~ 90,000	90,000원 이상	평균
12.6%	38.8	11.7	7.8	6.8	3.9	14.6	37,749원

국토교통부(2020)

거의 절반가량 기사들이 프로그램 2개 이상을 깔고 있다. 참고로 2019년 조사에서는 평균 3.39개의 프로그램을 사용하는 것으로 나타났다(국가인권위). 90,000원 이상을 지출하는 비율도 14.6%에 이르는데, 부산뿐 아니라 울산이나 경남지역의 프로그램까지 사용하는 경우라 할 것이다. 윤상 씨처럼 대리운전 소득에 목을 매지 않은 '자유로운 영혼'은 모든 업체에 가입하고 모든 프로그램을 다 깔고 편안하게 운전하기도 한다. 당연히 출근비와 프로그램 사용료로 다른 기사보다 훨씬 많은 비용을 지출해야 한다.

저는 카카오를 주로 이용하지만, 부산·경남 프로그램 9개를 깔았어요. 대기시간이나 이동시간을 단축하고 싶어서죠. 편안하게 타고 싶어서 그런 거라 보시면 됩니다. 모든 합류차를 다 이용할 수 있고요.

프로그램 이용료에서 악명 높은 것이 '프로그램 쪼개기'다. 같은 프로그램을 A, B, C, D 식으로 몇 개로 쪼개서 개수 당 이용료를 받는 것이다. 그런 프로그램은 이용하지 않으면 될 것 아닌가 하겠지만, 사정은 그렇지 않다. 기사들의 불만이 쏟아진다.

경남콜마너는 똑같은 프로그램을 4개로 쪼갭니다. 5백 원 받을 걸 2천 원 받아간다는 겁니다. 부산도 두 개로 쪼개잖습니까.

지사 명함 파서 영업하는 사람들이 굉장히 많아요. 그 지사들이 프로그램을 올립니다. 콜은 다 같이 뜹니다. A는 무슨 지사, B는 무슨 지사, C는 또, 이런 식이죠. 콜이 뜨면 콜 별로 1초에서 2초 정도 갭이 생깁니다. 한 개라도 빨리 잡으려면 전부 다 가입해야 됩니다. 가입을 안 하면 시간차에서 밀리죠. 이렇게 프로그램을 쪼개서 나눠먹는 거죠. 대구에서 프로그램을 쪼개서 3억인가 횡령한 사건이 터진 적도 있습니다.

콜 당 사용료가 500원 아닙니까. 개개인한테는 큰돈이 아니지만 업체 입장에서는 500원 곱하기 머리 숫자를 버는 거죠. 앱만 깔았다 하면 일 년 내내 무조건 빠져나가거든요. 거기다 쪼개기

4개 하면 네 배가 늘어납니다.

프로그램은 회사가 고객을 유치하기 위해 갖춰야 할 필수 장치
다. 이것에 이용료를 받는다는 것은 마치 노동자에게 기계나 설비
사용료를 징수하는 것과 같다. 이에 대한 근본적인 문제 제기가 있
어야 할 것이다.

배차프로그램은 회사가 반드시 갖춰야 되는 필수프로그램 아
닙니까. 카카오도 자기가 개발해서 기사들한테 공급을 한 건데,
그렇다 해서 사용료 받습니까? 그걸 기사한테 징수해서, 그것도
과다하게 뺏어서 프로그램사하고 업체가 나눠먹는 거예요.

노동 통제 – 숙제에 벌칙까지

플랫폼이나 대리업체들이 노동자들에게 가하는 부담은 비용에
그치지 않는다. 기사들 이야기부터 들어보자.

콜 취소하면 500원, 트리콜 같은 경우는 2,000원을 벌금으로 내
야 합니다. 2,000원이면 무리할 수밖에 없는 일이 있거든요. 그
것도 무시 못 합니다.

트리콜은 배차 6초 안에 거부하지 않으면 자동으로 배차됩니다. 그 시간 넘겨서 취소하면 벌금 2,000원이 붙어요. 이게 갑질이죠. 그 짧은 시간 안에 고르기가 정말 힘들어요. 고르지 말고 그냥 빨리 타라는 거죠. 다른 콜(프로그램)로 넘어가지 않게 하려는 겁니다. 카카오가 늘어나서 그러는 것 같아요.

로지는 2016년부터 숙제가 부활됐어요. 8시30분부터 1시까지 평일은 세 콜, 토요일이나 공휴일 전날은 2시까지 네 콜이나 5만원 이상 수행해야 합니다. 그래야 우선 배차를 하거든요. 요금 나빠도 탈 수밖에 없어요. 말이 '우선배차권'이지 실제로는 숙제 못한 기사들한테 불이익을 주겠다고 협박해서 '똥콜'이든 뭐든 타라는 거죠. 그 시간에 카카오 같은 데서 좋은 콜('꿀콜')이 떠도 잡을 수가 없어요. 업체가 저가요금으로 콜을 확대하려는 거죠. 콜마너(오천콜)도 숙제 비슷한 걸 해요. 자회사 콜 수행하면 끝나는 순간부터 30분 동안 우선 배차를 해줘요. 다른 프로그램으로 못 넘어가게 하려는 거죠.

기사들이 제일 크게 느끼는 건 차등을 둔다는 거죠. 등급제라는 것이 암암리에 있어요. 1등급부터 9등급까지 나누는 겁니다. 주변에 손님이 있으면 제가 받는 게 당연한데 등급이 높은 기사가 200미터 정도 떨어져 있어도 그 기사한테 배차가 들어가는 식이죠. '숙제'란 게 명목상으로는 없어졌지만, 실질적으로는 있다고 체감을 하거든요.

숙제 금지는 공정위원회 특고 지침에도 나와 있는 거지만 강제 규정이 아닙니다. 부산공정위와 전북공정위 해석도 달라요. 전북에서는 문제 있다고 처음은 경고, 두 번째 시정명령을 내렸는데, 부산에서는 해당 없다고 결정했어요. 경고든 시정명령이든 소용없어요. 벌금 규정이 없어서 어겨도 제재할 방법이 없거든요. 싸우더라도 시간이 오래 걸리고 결정이 나도 업체에게 불이익이 없어서 효과 없어요.

기사를 줄 세우고 길들이는 수법이 이전보다 더 교묘해졌습니다. 카카오는 프로서비스뿐 아니라 일주일 동안 더 많이 탄 기사한테 보너스를 줍니다. 그러면 '쓰레기콜', '똥콜' 가리지 않고 죽으라고 탑니다. 그러니 요금은 계속 저가가 되고, 그런 문제를 카카오가 만들고 있어요.

플랫폼과 대리업체는 노동자들을 통제하여 콜을 많이 타게 만든다. 그렇게 해서 자기 프로그램이나 업체로 고객을 더 많이 유치하고, 다른 데로 고객이 유출되는 것을 방지(이를 '콜 점유율 방어'라고 한다)하겠다는 것이다. 이것은 이중으로 대리기사를 착취하는데, 숙제를 통해 기사들이 '똥콜'을 타지 않을 수 없게 하여 같은 시간 대에 좋은 콜('꿀콜')이 떠도 받지 못하게 만드는 것이다. 고객 유치 전략으로 요금을 낮추었으면 마땅히 그 부담을 업체가 져야 할 텐데, 오히려 노동자에게 전가하고 그것도 강제로 감수하라는 것이다. 말로는 대리기사를 '독립사업자'라고 하면서 실제로는 족쇄를 채우는 행태라 하지 않을 수 없다.

이상의 각종 노동 통제를 국토교통부(2020) 조사를 통해 확인
해 보자.

a. 콜 목표 횟수 달성(숙제) 요구 경험

전체 대리기사의 51.4%가 경험 있다고 답했다. **부산/울산/경남
은 70.8%**가 있다고 답하여 전국에서 가장 높았다.

b. 콜 목표 미달성 시 제재 사항

'배차정보 전부/일부 제한'이 93.6%로 가장 큰 비중을 차지한
다. 기타 '계약해지/퇴사/프로그램사용정지/'가 있었고, '자비로 콜
을 올려서 숙제를 하는 경우'도 있었다. 거의 대부분 업체가 배차정
보를 제한하는 제재를 가하는데, 이는 (우선)배차에서 배제하는 불
이익을 주는 것이다.

c. 콜 취소 시 제재 여부

전체 대리기사의 58.1%가 제재한다고 답했다. **부산/울산/경남
은 79.6%**가 제재한다고 답하여 a.와 마찬가지로 압도적인 전국 1위
를 달성했다.

d. 콜 취소 시 제재 방식

제재 방식은 크게 '콜 취소 수수료(벌금)'를 부과하거나 '프로그
램 사용 제한' 둘로 나뉜다. 여기서 수도권과 부울경이 극명하게 대
비된다.

콜 취소 시 제재 방식(수도권과 부울경 대비)

	콜 취소 수수료(벌금) 부과	프로그램 사용 제한
서울	18.4	93.9
인천/경기	27.1	93.0
부산/울산/경남	97.8	31.1

e. 콜 취소 시 수수료(벌금) 액수(부울경)

'20년 콜 취소 시 수수료(부울경)

500~1,000	1,000~2,000	2,000~3,000	3,000~4,000	4,000원 이상	무응답	평균
46.6%	5.7	18.2	20.5	6.8	2.3	1,594원

500원에서 1,000원 사이가 46.6%로 가장 높았고, 2,000원 이상 비율도 45.5%에 이른다.

f. 프로그램 사용 시간 제한(수도권)

제한 시간은 평균 38분이고, 그 중 30분 이상의 비율은 80%에 달한다. 피크타임에 프로그램 사용 제한에 걸리면 고스란히 큰 손해를 볼 수밖에 없다. 결국 '똥콜'을 가리지 않고 무조건 타야만 한다. 벌금이든 프로그램 제한이든 문제긴 마찬가지지만, 대리기사에게 미치는 영향은 프로그램 사용 시간 제한이 더 클 것으로 보인다. 그건 아예 대리운전을 하지 말라는 것과 같기 때문이다.

업체의 부당한 대우를 참기 어려워서 …

보호 장치가 전무하다시피 한 상태에서 대리기사들은 고용불안에 사로잡힌다. 각종 숙제와 벌금에 내몰리면서도 제대로 수행하지 못하면 일거리가 줄어들고, 행여 불만을 표하면 계정 해지만으로 간단히 해고당하는 지경에 처하는 것이다.

강제노동에 대한 불만이 많아도 말 한마디하는 기사가 없습니다. 한마디만 해도 콜이 잠겨버리거든요. 각서 써야 됩니다. '말 조심하고 (콜센터) 아가씨들한테 꼬박꼬박 순종하겠다'는 식으로요.

2년 정도 할 때 카부기밴드 가입하고 대리노조를 만났어요. 밴드하면서 사람들 만나면서 각성한 거죠. 그렇게 노조활동 하고 2년 만에 트리콜에서 잘렸어요. 1년 6개월을 일했는데 하루아침에 자르더라고요. 해고란 게 별 거 없습니다. 코드를 자르면 해고예요. 개별로 부여한 아이디를 삭제해버리는 거죠. 통보도 없습니다. 쓰다 버리는 막대기 같아요. 다른 데 취업하기도 힘듭니다. 블랙리스트가 있는지 아예 안 되더라고요. 그래서 해고자들은 지역을 옮기기도 합니다. 경남에서 부산, 부산에서 경남으로, 식이죠.

위 두 번째는 예외적인 경우라 볼 수도 있겠지만, 대리기사들의 일거리에 대한 불안은 상당하다. 아래 표가 그 사실을 잘 보여준다.

대리운전 일 불안 정도: 일거리가 줄어들까봐 걱정이다

전혀 아니다	대체로 아니다	보통이다	대체로 그렇다	매우 그렇다	5점 평균 (점)
1.7	2.6	13.0	40.9	41.7	4.18

부산연구원(2020)

'그렇다'에 해당하는 비율이 82.6%이고 5점 평균에 4.18점이라는 사실은, 대리기사들의 고용 불안감이 아주 심각하다는 것을 보여준다. 국가인권위(2019) 조사 결과를 보면 일거리 감소에 대한 우려 정도가 무려 4.38점으로 0.2점이 더 높다. 불안정한 노동조건뿐만 아니라 초과공급에 따른 과잉 경쟁이 기사들을 불안하게 하는 것이다.

지금까지 대리업체들이 갖가지 명목으로 대리기사들에게 비용을 부과할 뿐 아니라 각종 노동 통제까지 가한다는 사실, 그에 따른 노동 불안정성까지 확인했다. 이에 대한 대리기사들의 불만은 어렵잖게 짐작할 수 있다. 물론 다른 플랫폼 유형에 종사하는 노동자들이라 해서 힘들지 않을 리 없다. 그런데 부산지역 대리기사들의 불만에는 다른 플랫폼 노동자들에게서 볼 수 없는 특이한 점이 있다.

다음 표는 플랫폼 노동자들을 대상으로 '플랫폼 일을 그만 두고 싶은 이유'를 조사한 결과다.

'일감 확보가 불안정'하거나 '수입이 적어서' 그만두고 싶은 것은 누구나 이해할 수 있다. 그런데 부산지역 대리기사들이 꼽은 1순위는 '업체의 부당한 대우를 참기 어려워서'다. 다른 모든 이유들이

플랫폼 일 그만두고 싶은 이유(1순위)

	대리 운전	퀵 서비스	음식 배달	쿠팡 플렉스	전체
일감 확보가 안정적이지 않아서	26.7	37.5	26.7	42.9	31.1
수입이 적어서	20.0	50.0	13.3	14.3	22.2
업체의 부당한 대우를 참기 어려워서	33.3	0.0	13.3	0.0	15.6
비용이 생각보다 많이 들어서	6.7	0.0	13.3	0.0	6.7
기존 하던 일과의 병행이 어려워서	6.7	0.0	6.7	14.3	6.7
더 나이 들면 하기 힘들 것 같아서	0.0	0.0	0.0	28.6	4.4
안전사고 등이 염려 돼서	0.0	0.0	13.3	0.0	4.4
기타	0.0	0.0	13.3	0.0	4.4

부산연구원(2020)

스스로의 노동을 반성한 결과인 데 반해, 이 이유는 누군가를 겨냥하고 있다.

이 조사 결과를 보면서 한 가지 의문이 생겼다. '부당한 대우를 참기 어려'울 때 예상할 수 있는 첫 번째는 '맞서 싸우는 것'이다. 하다 하나 안 될 때 마지막 남은 신대지가 '그만두는 것'이다. 그렇다면 이 결과는 일차적으로 그만큼 대리업체의 횡포를 많이 겪기 때문이겠지만, 달리 생각하면 부산지역 대리기사들의 좌절과 무기력감이 반영된 것일 수도 있다.

일전 심야에 쉼터를 찾은 카부기공제회 부회장 송인권 씨와 애기를 나눈 적이 있다. 대리운전 보험과 관련하여 복잡하게 꼬인 문제들을 캐묻고 친절한 설명을 들었다. 대화가 마무리될 때쯤 들은 인권 씨의 말이 나를 고민에 빠뜨렸다.

"부산지역 대리업체들은 무슨 명목을 만들어서라도 더 많은 비용을 뜯어갈 겁니다. 이유야 만들기 나름이죠. 그런데 문제는 우리가 여기에 대항할 힘이 없다는 겁니다. 당할 수밖에 없다는 거죠. 이게 제일 큰 문제지요.”

이 말과 위 조사 결과가 과연 무관할까. 부산지역 대리기사들은 열정적으로 노동조합을 만들었고 대리노조 부산지부는 전국에서도 최선봉이라는 평가를 받을 만큼 왕성했다. 그러던 것이 두 차례의 파업을 거치면서 지도부가 무너지고 지금은 흔적조차 찾기 어려울 지경이 되었다. 부당하다는 것을 알고 그것을 참기 어려운데, 거기 맞서 싸우자는 것이 아니라 차라리 떠나자는 결론을 내리는 데는 이런 쓰라린 경험과 그에 따른 무기력감이 깔려 있는 건 아닐까 하는 것이다.

한편, 참기 어려울 만큼 부당한 대우를 느끼고 있다면, 이겨낼 방법도 스스로 찾을 수 있을 것이다. 누구 하나 다치지 않고 웃으면서 이겨낼 길이 아예 없지는 않을 것이다. 서서히 그런 기운이 감지되고 있다.

표준계약서를 써야 할 까닭

누차 강조하지만 대리업체들이 부과하는 각종 비용과 노동 통제들은 플랫폼과 아무 상관이 없다. 일반 회사라면 당장에 부당 노동행위로 고소, 고발당해 마땅한 것들이 대부분이다. 백 보 양보해서 회사로서 그럴 수 있다 친다면, 당연히 사용자로서의 책임을 져야 할 것이다. 4대 보험은 물론, 회사 일을 하면서 발생하는 각종 비용들에 대한 책임 말이다. 대리업체들은 어떤 비용이나 책임도 부담하지 않으면서 온갖 이익을 챙기고 거기에 노동 통제까지 가하고 있다.

사정이 이렇게 된 것은 '플랫폼'이라는 모호한 말이 말 그대로 모호하게 적용되기 때문이다. 고용관계부터 노동시간과 임금 산정 기준 등 모든 것이 모호하기 짝이 없다. 대리업체들은 바로 이 모호성을 이용하여 온갖 빨대를 꽂아 마음껏 착취하고 있다. 특히 '노동'에 대한 명확한 기준 설정이 시급하다. 분명히 노동하는 사람이 있는데, 그에 대한 기준이 없어서 '노동자'는 없는 실정을 혁파해야만 한다.

그렇다고 당장에 문제가 되고 있는 부당한 비용 부과와 노동 통제를 근절할 길이 없는 것은 아니다. 그 간단한 해결책이 바로 '표준계약서' 작성이다. 표준계약서는 '판매 목표 강제행위, 불이익 제공행위, 부당한 비용 청구행위, 부당한 차별적 처우행위' 등을 금지행위로 명시하고 있다. 이것만 지켜도 우리가 살펴본 그 모든 부당한 비용청구와 노동 통제를 막을 수 있다.

정부는 2020년 10월에 이미 '대리운전 표준계약서'를 도입했다. 그런데 도입 1년이 지난 2021년 현재 부산지역 대리기사의 94.9%가 계약서를 작성하지 않았고, 대다수(86.8%)가 '표준계약서를 본 적이 없다'고 응답했다(부산이동노동자지원센터, 2021). 제도는 마련했는데 현장에서 거의 지켜지지 않고 있는 실정인 것이다.

기존 계약 관행은 이름부터가 '동업계약'이다. 실제로는 고용ㆍ

종속관계를 맺으면서 계약상으로는 대등한 관계인 것처럼 포장해 놓은 것이다. 계약을 맺더라도 대개 요식적인 약관 동의에 불과하다. 이조차 약관에 동의하지 않으면 계약 자체를 맺을 수 없기에 무조건 동의할 수밖에 없고, 작은 글씨를 읽어보지도 않고 생각 없이 동의 버튼을 누르기 일쑤여서 계약 내용을 모르는 경우가 허다하다.

동업계약서에 대리기사 인권이나 권리 조항은 없고, 불공정한 계약서죠. 기사를 소모품 정도로 인식합니다. 노예계약서지요. 문제가 생기면 기사 잘못이다, 이런 식으로 돼 있거든요. 기사들 대부분은 계약서가 있는지도 몰라요. 핸드폰에 뜬 그 깨알 같은 글자를 누가 읽습니까. 그냥 동의 누르고 끝이죠.

말로만 지키자, 이런 계약은 의미가 없습니다. 동업계약서에 '기사 의무'란 게 있어요. '자기 콜을 타인에게 주면 안 된다' (이걸 '콜을 던진다'고 하죠.) 같은 건데, 한 번 어기면 경고, 또 어기면 또 경고, 3회면 계약 해지할 수 있다, 이렇습니다. 노조 활동을 하거나 찍힌 사람은 경고 조치도 없이 해약합니다. 있는 계약도 지키지 않는 거죠. 법제화가 되든지 의무화가 되지 않고는 지키지 않을 거라고 봅니다. 강제조항이 있어야 합니다.

그것은 계약 변경 절차에도 심각한 영향을 미친다. 다음 표는 대리운전 노동계약 변경 절차를 조사한 결과다.

대리운전 계약 변경 절차

임의변경 통지없음	임의변경 통지	동의안하면 일못함	동의안하면 그대로	잘 모른다
24,3%	41.8	26.0	1.1	6.8

국가인권위(2019)

대리기사에게 계약 변경은 임금노동자의 '취업규칙'에 해당하는 것으로 노동조건에 크게 영향을 미친다. 그런데도 임의로 변경하는 일이 다반사고, 그마저도 아예 통지를 하지 않거나 하더라도 동의하지 않으면 일을 못하는 것이 현실이다. '트리콜'처럼 주납금을 일방적으로 두 달 간격으로 두 차례 10%씩 인상해도, 출근비를 부과했다가 철폐했다가를 임의로 반복해도 아무런 제재 수단이 없는 것이다. 공정위 등에 부당노동행위로 제소하더라도 아무 제약 없는 '경고' 조치를 내릴 뿐이어서 업체들은 신경도 쓰지 않는다.

영업정지를 한다든가, 그런 강력한 조치가 뒤따르지 않으면 업체는 눈 하나 깜짝 안 합니다. 벌금 5백만 원, 5천만 원, 5억 내더라도 크게 신경 안 씁니다.

이왕에 만든 표준계약서의 취지를 제대로 관철하려면, 지금 같은 권고가 아니라 표준계약서 작성을 의무화하고, 이를 어길 경우 영업정지를 비롯한 강력한 제재를 가해야 할 것이다. 표준계약서를 의무적으로 작성하게 하는 일은 플랫폼이라는 모호한 포장지를 두르고 그 뒤에서 마음껏 착취하는 업체들을 양지로 끌어내는 첫걸음이다.

제4장

대리기사로 산다는 것

대한민국에서 대리기사로 사는 것은 만만하지가 않다. 그렇다고 늘 힘들고 고달픈 것만은 아니다. 최대한 있는 그대로의 실상을 전달하고자, 대리기사들이 직접 이야기하는 것을 가감 없이 옮긴다.

· · · ·

누구도 '진상'을 피할 순 없다

대리운전은 플랫폼 노동 중에서도 폭언·폭행에 가장 많이 노출된 직종이다. 심야에 주로 취객을 대상으로 하는 일이라 그럴 것이다. 이에 대한 대리기사들의 경험담은 차고 넘친다. 여성 기사의 경우 성추행에 노출되기도 하는데, 이 사례들은 다음 장에서 보기로 한다. 우선 몇 가지 사례들을 듣기로 하자.

처음에 내비 켜는 것도 50% 정도는 욕을 해요. 이해를 못하는 거죠. '내가 가르쳐 줄게' 식으로 나와요. 그 정도면 양반이에요. 어느 기사는, 손님이 "대리 처음 하냐?"며 욕설을 퍼붓기에 "욕설이 심해서 운전 못하겠습니다."고 대꾸했다가 폭행을 당해서 손가락 골절 입고 입원까지 했습니다.

"초보네요, 초보", 이런 말을 너무 많이 해요. 당연히 자존심 상하죠, 상처도 입고요. "운전 못 한다", "길 모른다" 이런 말 정말 자주 들어요. 자기 다니는 길만 길인 줄 아는 거죠. 술 마시고 갑자기 갑이 되다 보니 기사를 감정풀이 대상으로 여기는 것 같아요. 반말도 많이 합니다. 참다가, 욕설까지 나오면 터지는 기사가 많아지죠.

물론 미담도 못지않게 많고, 최근 들어서는 욕설이나 폭행이 많이 줄기도 했다. 카카오는 젊은 사람들이 많이 이용해서 그런지 훨씬 덜 하기도 하다. 그렇더라도 대리기사들이 차 안에서 겪는 나쁜 기억은 오래 갈 수밖에 없다. 다음 표들은 폭언/폭행 등 경험에 대한 조사 결과다. '그런 적 없음'이 10% 내외다. 90% 안팎의 대리기사들이 폭언/폭행을 경험한 것이다. 월 1회 이상이 40%에 이른다는 결과가 놀랍다. 많이 줄어든 게 이 정도다.

폭언 폭행 등에 대한 경험

1달 1번 이상	그런 적 있음	그런 적 없음
36.2%	59.9%	4.0%

국가인권위(2019)

고객에게 폭언/폭행/인격무시 등을 당한 경험

월 1회 이상	6개월에 1~2회	1년에 1~2회	그런 적 없음
38.3%	25.2	23.5	13.0

부산연구원(2020)

우리 젊고 활달한 도환 씨는 이 문제를 어떻게 대하는지 궁금했다. 그도 이 문제만큼은 쉽지 않은 모양이다. 처음엔 우여곡절이 많았다.

대리운전은 감정노동으로 받는 스트레스가 제일 심해요. 전화부터 하대하는 손님들이 있습니다. 50%까지는 안 되는 것 같지만, 거의 절반 가까이 됩니다. 지금은 그러려니 하지만 예전엔 똑같이 대했어요. 기분 좋을 때는 참았지만, 스트레스 상태에서는 참지 않았죠. 운전 중에 손님이 반말하면 '나도 나이 먹을 만큼 먹었으니까 하지 마시라'고 대응했죠. 그러다가 싸움이 붙어서 파출소도 두 번 정도 갔어요. 초창기에는 정말 어쩔 수 없더라고요.

기사들이 제일 듣기 싫은 말이 있다. 요금 같은 걸로 시비가 붙으면 절대 빠지지 않는 말, "저 따위니까 대리나 하고 있지"가 그것이다. 철곤 씨는 우연히 요금 시비 붙은 곳을 지나다가 이 소리를 듣고 망치로 한 대 얻어맞는 느낌이었다고 한다.

'고객에게 바라는 바'를 물으면 거의 전부가 '인격적으로 대해주시라'고 대답한다. 대리기사와 손님은 '안전 귀가를 책임지고 그에 합당한 대가를 지불하는' 상호보완 관계라는 것이다. '갑을 관계 말고 대등한 관계로 봐주시길' 바란다. 부산지원센터는 2022년 6월 말부터 지하철 게시판을 통해 캠페인을 벌이고 있기도 하다.

"폭언·폭행은 예전보다 많이 적어졌어요. 그렇

부산이동노동자지원센터(도담도담)의 '대리기사 노동 존중' 캠페인 포스터

더라도 인격적으로 대하는 경우가 많지는 않습니다. 담배 피우거나 다리 올리거나 할 때 양해를 구하지 않는 경우가 많아요. 돈만큼 부리려는 사람이 있습니다."

천태만상

심야에 취객을 상대하노라면 정말로 별의별 사람을 다 만난다. 불쾌한 기억으로 남은 것도 있지만, 잊지 못할 추억도 있다. 때로는 이야기를 들어주는 것만으로 사람을 살리고, 맺힌 한을 풀어주기도 한다. 일당 줄 테니 같이 술 한잔하자는 고객들도 종종 있다. 인터뷰 중에 들은 에피소드들 중 유달리 기억나는 몇을 추려 보았다.

진상 오브 진상

콜 받고 갔는데, '얘기가 길어질 수 있으니까, 차에서 기다리면 대기 요금 드리겠다'기에 2시간을 대기했습니다. 부인과 함께 탔는데, 운전 중간에 '우리 복국 먹고 갈까?' 하더니 복국집에 세워달래요. 요금 얼마냐 묻길래, '원래 요금은 1만 3천 원'이라 했죠. 다 가지도 않았는데 왜 다 내라느냐더군요. 그럼 만 원 하고 대기비 좀 챙겨주십시오, 했어요. 그랬더니

"돈 못 준다. 니 같은 쌍거지한테는 돈 못 준다. 대기비? 무슨

대기비? 내가 언제 대기비 준다 했는데?”

라고 퍼붓더니 그냥 복국집으로 들어가 버리는 겁니다. 따라 들어갔죠. 저도 한 성깔 하거든요. 테이블 옆에 서서 요금 독촉을 했습니다. 계속 ‘대리비 주십시오. 대기비도 주십시오.’ 했죠. 그 진상, 난처해하는 부인하고도 다투더군요.

“여보, 이러지 마라.”

“시끄럽다, 입 닥치라.”

식당 홀 가운데 서서 손님들한테 양해를 구했죠.

“죄송합니다. 대리비 받으려고 소란을 피우게 됐습니다. 제가 왜 이러는지 설명하겠습니다.”

그렇게 한 3분 정도 손님들에게 설명을 했죠. 손님들은 말없이 제 얘기를 듣더라고요. 그 진상만 떠들더군요.

“지랄하네, 대리하는 주제에. 그러니까 대리기사밖에 못하지. 계속 떠들어봐라.”

이러는 겁니다. 이제는 물러서고 싶어도 그럴 수 없게 됐습니다. 그렇게 5분을 실랑이하는데 손님 중 할머니 한 분이 내가 딱해 보였던지 오만 원을 주면서,

“기사님, 저 인간 돼먹지 못했으니까 상대하지 마시고, 날도 추운데 그만 들어가세요.”

라고 속삭이더군요.

“아닙니다. 이런 거 받으면 안 됩니다. 돈이 문제가 아닙니다.”

“그러면 만 원 드릴 테니 택시 타고 들어가세요.”

하시더라고요. 진상 고객한테 가서

“야, 봐라, 할머니께서 택시비 하라고 주신 돈이다. 자, 요거 니

팁이다, 밥값 해라."

하고 받은 돈을 테이블에 올려놓고 돌아서 나왔습니다. 다른 테이블에서 박수를 치더군요. (나도 '짝짝짝'. 야, 역대급 에피소드네요.) 정말 절대 잊어버리지 않는 사건입니다.

술 취한 '조스'와의 사투

영도 바닷가 쪽 아파트 가는 손님이었어요. 술 취해서 옆 좌석에서 잘 자던 손님이 신호대기 중에 깨서 부스스 다가오더니만 갑자기 핸들 잡은 손등을 깨물어요. 놀래 가지고 확 뿌리치면서

"아이고, 고객님, 왜 이러십니까? 아이고, 아야."

했더니 이 손님이 날 가만히 쳐다보더니만은 또 자세를 바로잡아서 가요. 그렇게 한 5분 운전을 해가는데 아 글쎄, 이번에는 와락, 어깻죽지를 무는 게 아니겠어요. 얼마나 놀랐는지.

(어깻죽지요? 수아레스인가? 쿡쿡, 이거 참 웃으면 안 되는데. 굉장히 독특한 술버릇이네요.)

그래서 이제 한 손으로 운전하면서 다른 한 손으로 그 손님을 밀어냈죠. 그 짓을 내내 반복하는 거라. 옆에만 오면 밀어내고, 얼마 안 가서 또 밀어내고. 이게 참 안전 운전에도 위험하고 엄청 부담이 되더만요. 그렇게 하면서 목적지에 도착을 했습니다.

도착을 하니까 경비 아저씨가 딱 나오더라고. 아는 거예요. 나와 가지고

"대리기사님이죠? (예) 별일 없었어요?"

"아저씨, 이 고객님은 그러니까는 완전 상습범인가 봐요."

그러니까 경비 아저씨가 '잠깐만 기다려 보세요' 하더니 인터폰을 하더라고요. 좀 있다 사모님이 내려왔어요. 물었던 손님은 집에 올라가고 사모님한테 내가 손등 보여주니까,

"아이고, 미안합니다, 미안합니다."

연신 사과하면서 병원 가서 치료받으라고 병원비를 주시더라고. 사모님 내려오기 기다리면서 경비아저씨가 이러더라고요.

"저 사장님은 평상시에는 양반인데, 한 달에 한 번 정도 대리운전을 부르는데, 대리기사들마다 다 당했어요."

그래 내가 경비아저씨한테 이랬죠.

"아저씨, 절대 다른 사람들한테, 저 양반은 술 안 먹으면 양반이라 그런 말 하지 마세요. 제가 이 정도에서 이렇게 끝내는 건 내가 하루 벌어 하루 먹고살기 때문에, 그래 일하러 가야 되기 때문에 이만 하고 가는 거지, 안 그러고 고발하면 저 사람 콩밥 먹습니다."

그렇게 하면서 헤어진 적도 있습니다.

때로는 사람도 살린다

'고대리' 윤상 씨는 비가 오나 눈이 오나 한결같이 저녁 6시면 삼계동 수리공원으로 출근한다. 오늘은 또 어떤 좋은 손님을 만나려나 설레던 시절도 있었다. 요즘은 설렘은 사라지고 진상만 안 만나면 좋겠다는 생각뿐이다.

김해 삼계동은 대리기사들에게 '젖과 꿀이 흐르는' 땅이다. 근처 신천공단, 나전공단, 명동공단, 안하공단, 병동공단, 상동공단 등의 여러 공장에서 5시 정각에 퇴근하면서 식사와 함께 한 잔씩 하는

분들이 많아 일찍부터 콜이 뜬다. 고대리는 보통 7시 30분쯤 원하는 콜을 받아 나가는 경우가 많다.

오늘도 7시 30분이다. 진해 석동 가는 첫 콜을 받았다. 달리는 도중에 손님이 목적지를 변경하겠단다. 석동 지나서 '무조건 한적한 바닷가로 가 주시면 안 되겠냐' 하신다.

"요금은 얼마든지 챙겨 드릴테니 제발 바닷가로 데려가 주십시오"

"예, 잘 알겠습니다. 그럼 제가 지금 생각나는 좋은 곳이 있는데 한 번 믿고 가 보입시다."

진해 속천항으로 열심히 달린다. 손님 핸드폰으로 벨 소리가 계속 울린다. 손님은 받지 않고 끊어버린다. 아무래도 무슨 사연이 있지 싶다.

속천항 바다가 저 멀리 내려다보일 즈음, 손님이 '하루 일당이 얼마냐', '보통 하루에 얼마를 버는가' 묻는다. '왜 그러시냐'니까 오늘 일당 쳐 드릴 테니 같이 술이나 먹자 한다. 파도 소리가 들리고 바람도 시원한데 일당까지 쳐 주겠다 하니 술 좋아하는 고대리, 갈등할 수밖에. 보통 주말 제외하고 하루 15만 원 정도 번다 하니, 그럼 15만 원에 12시까지 같이 마시자 한다.

"나중 12시 넘으면 여기서 김해 가는 버스가 없어서 택시 타야 합니다."

"한 번 더 대리 부르면 되지요."

그리하여 바닷가 어느 횟집에 자리를 잡았다. 매운탕과 꼼장어 구이에 진로 한 병을 시킨다. 손님은 오늘 25년 동안 운영해오던 음식점을 접고 가전제품과 주방도구들까지 모두 재활용품점에 넘겼다고 한다. 오래전에 이혼하고 스물 넘은 딸과 함께 살아왔단다. 아까 차에서 계속 울리던 벨소리는 딸에게서 걸려온 것이다.

"근데 왜 전화를 안 받으셨습니까?"

"오늘 정리하고 남은 돈 모두 딸에게 부쳤어요. 마지막 인사 문자 보냈는데, 전화 받으면 마음 약해질까 싶어 안 받았습니다."

이 무슨 소린가. 심상찮다. 음식이 나오고 소주 한 잔 따르는데, 밖에서 경찰차가 급정지하고 경찰 둘이 들어와서는 잠시 검문하겠다 한다. 창졸간에 겪는지라 정신이 없다. 실종신고 받고 출동한 것이다. 극단적인 선택을 암시하는 문자를 본 딸이 전화를 여러 번 했는데 받지를 않자 경찰서를 찾아갔다. 전화번호 위치추적을 하니 바닷가가 떴고, 경찰이 긴급상황으로 격상하여 여기까지 찾아온 것이다. 경찰관들은 안전한 상황을 확인하고 딸에게 전화를 걸어 안심시킨다.

다 좋은데, 우리 보고 빨리 집으로 가란다. 이제 막 음식이 나오고 목구멍에 술이 넘어가려는 이 기막힌 시점에 짠 나타날 건 뭐냔 말이다. 모락모락 익어가는 꼼장어와 생선구이가 젓가락질만 기다리는데 침만 꼴깍 삼키고 일어서야만 했다.

속천항을 뒤로 밀어내면서 되돌아오는 길에 손님은 고대리에게 거듭 고맙다 한다. 처음 만났지만, 그래도 고대리와 1시간가량 같이 있었기에 극단적인 선택을 피할 수 있었다는 것이다. 죽음을 앞두고 감정이 흔들리고 정신적으로 불안할 때 누군가와 함께 하고 싶어한다는데, 아마 그랬던 모양이다.

젊은 시절 번 돈을 아끼지 않아 가진 것 없는 대리기사지만, 고대리는 누군가 힘들고 지쳐보일 때 같이 있어 주고 이야기 들어주는 걸 잘 한다. 얼마를 버느냐가 중요하지 않은 건 아니지만, 누구와 얼마나 함께 하느냐가 더 중요하다고 생각한다. 늘 그렇게 살기를 바란다.

약속한 일당 15만 원에 고마워 어쩔 줄 모르는 딸이 준 팁 5만 원까지, 20만 원을 벌었다는 사실은 덤이다.

이야기 듣고 팁 받고

좀 슬픈 에피소드예요. 동래에서 새벽 한 3시쯤 돼서 이제 콜이 아예 완전히 없어서 죽치고 있었어요. 중간에 '똥콜'이 하나 뜨긴 했는데, '저걸 타야 하나?' 하다가 포기하긴 했죠. 저는 집이 정관인데 정관 들어가는 합차가 동래에서 2시까지 있어요. 그래 집에 가지를 못했거든요. 유료차가 있긴 있는데, 그건 4천 원 돈을 줘야 되니까 돈이 아까워서 그거 타고 갈 바엔 새벽 첫차까지 기다리면서 뭐라도 하다가 타지, 하고 대기하고 있는데, 충렬사 정문에서 정관 가는 콜 2만 원짜리가 탁 올라오더라고. 이거는 택시비 빼도 한 1만 원은 남는 거니까, 집에 가는 콜이니까 잡고 갔죠.

가니까 한 60대 초반 정도 돼 보이는 아주 깔끔하게 생긴 신사분이 술이 반쯤 취해 가지고 경계석에 앉아 계시더라고요. 차는 충전소 앞 대로변에 세워놓고. 가서 모시고 이제 좀 가는데 뒷자리에 앉아 갖고 흐느끼시더라고.

저는 고객한테 먼저 말 거는 스타일은 아니지만, 어릴 때부터 친구들이나 주변 사람들 무슨 좀 힘들고 괴로운 일이 있으면 말을 걸고 같이 나누는 그런 게 습관이 좀 돼 있어요.

"고객님, 마음이 힘드신 것 같은데 무슨 일인지 제가 여쭤봐도 되겠습니까? 저한테 털어놓으시고 그냥 마음 좀 푸시지요.”

했죠. 그분이 이제 이야기를 하는데 그 나이가 되도록 사모님한테 두드려맞고 살고 계시더라고요. 직원이 한 100명 되는 중소기업 사장님이시던데 말이죠. 그래서 그 이야기를 들어주면서 제가 좀 마음도 많이 다스려 드리고 ‘제가 나이도 고객님보다 한 열 살 정도는 어릴 것 같은데, 그래도 이런 경우도 있고 저런 경우도 있고 하니 좀 마음을 추스르시고, 사모님하고도 잘 말씀해 보시고, 속으로도 판단하시고, 잘 견뎌보시죠.’ 하면서 이런저런 말씀을 드렸죠. 나중에는 막 소리를 내면서 펑펑 우시더라고요. 그래 제가 늘 갖고 다니는 휴지를 꺼내서 눈물 닦으라 드리고 했죠.

그렇게 정관 들어올 때쯤 돼 갖고 너무 고맙다고, 어찌 대리기사가 이런 이야기까지 다 해주고, 당신 같은 사람은 처음 봤다고, 그래서 내가 당신 믿고 참 당신 앞에서 우는 게 안 부끄럽다면서 너무 고맙다면서 다음에 꼭 한 번 당신 부를 일 있겠다면서 요금 얼마나 묻길래 ‘2만 원입니다’ 하니까 20만 원을 주더라고요. 너무 많다고 만 원만 더 주시라, 만 원만 더 받겠다, 아니다, 꼭 드리고 싶다면서 주시더라고요. 이 기억이 참 오래 갑니다.

그런 것 같더라고요. 고마울 때, 다른 분들 이야기 들어보면, 손님한테 굉장히 고마운 뭔가 있을 때 그럴 때 팁을 좀 많이 받는 것 같아요.

한번은 이야기하다가 ‘나하고 친구하자’, 하길래 ‘그래, 친구하자’ 했더니 ‘여기가 내 상가 건물이다’면서 건물 지하에 주차하라라더군요. 잠시 실랑이가 벌어졌죠.

“안 된다, 내 일해야 된다.”

“내하고 커피 한 잔 하면서 이야기하자. 니 일당 얼마고?”

“한참 더 타야 된다.”

“일당 주께. 20만 원 주면 되겠나?”

이러면서 앉혀 두더니 커피 사 와서 그냥 3시간을 길거리에 앉아서 이야기한 적도 있고요. 일당 줄 테니까 같이 술 한잔하자는 경우는 꽤 있습니다.

외롭고 아프고 죽고

짐작하는 대로 대리기사들은 안전과 건강 문제에 무방비로 노출되어 있다. 많은 기사들이 업무상 발생한 손실이나 상해를 자비로 충당한다. 산재보험은 2022년 5월 전속성 요건이 폐지됨에 따라 2023년 7월부터 시행될 예정이다.

대리기사가 업무상 발생한 손실을 자비로 배상한 경험은 국가인권위(2019)와 부산연구원(2020) 조사 결과 각각 89.8%와 70.4%에 이른다. 여기에는 보험 적용 범위가 매우 좁다는 점도 작용한다.

사고에서 차 대 차 사고는 거의 없고 출발이나 주차 때 사고가 대부분이에요. 근데 두 번쯤 보험 처리하면 보험 승인이 거부됩니다. 그러니 5, 60만 원까지는 그냥 자기가 부담하게 되는 거죠.

이 점은 대리기사들의 보험 개선 요구사항에 잘 드러난다. '자차손해 자부담금 면제 및 완전 면책'이 79.1%로 가장 높았고, 다음으로 '차주 렌트 비용 보장 추가' 55.4%, '보험 보장금액 확대' 47.1%였다(국토교통부, 2020). 현행 대리운전 보험에서는 고객의 자기 차량 손해에 대한 보험적용을 위해 대리운전업체 또는 대리운전자에게 10~30만 원의 자기부담금을 납부하도록 하는데, 대리기사에게는 큰 부담이다.

업무상 상해에 대한 자비 치료 경험을 묻는 질문에는 각각 68%와 52.2%가 있다고 응답했다. 대다수 기사들이 업무상 발생한 손실과 상해를 공적으로 처리하기보다는 알아서 각자 해결하는 것이다. 이 조사 결과는 비단 업무상 손실과 상해 해결 문제에 그치지 않는다.

건강과 안전에 대한 만족도 조사를 보면, 대리운전의 경우 5점 척도에 1.75에 머물렀다(국가인권위). 이는 웹툰·웹소설(1.58)과 화물운송(1.64) 다음으로 낮은 순위다. 아래 표는 대리기사 스스로 건강상 문제를 느끼는 정도를 보여준다. '그렇다'에 응답한 비율이 무려 65.2%를 차지한다. 이는 다른 플랫폼 노동자들을 압도하는 결과로서 대리기사들의 건강문제가 심각하다는 사실을 알 수 있다.

점점 건강이 나빠지는 것을 느낀다

전혀 아니다	대체로 아니다	보통이다	대체로 그렇다	매우 그렇다	5점 평균
1.7%	9.6%	23,5	39.1	26.1	3.78점

부산연구원(2020)

2022년 5월, 부산이동노동자지원센터에 급박한 소식이 전해졌다. 부산경남지역 대리기사 세 명이 급성심근경색 등 뇌심혈관계 이상 증상으로 잇따라 돌연사했다는 제보에 이어 또 한 명이 뇌경색으로 쓰러졌다는 소식이 들어온 것이다. 사망한 노동자 3명 가운데 2명과 쓰러진 노동자가 모두 트리콜 소속이었다. 트리콜의 주납 시스템의 위험성을 보여주는 사건이다.

대리기사들은 아프면 굉장히 위험하다. 워낙에 혼자 사는 사람들이 많은데다, 대부분 연락이 안 되기 때문이다. 그 때문에 고독사하는 경우까지 생긴다. 동료 기사의 고독사를 직접 겪은 철곤 씨 얘기를 들어보자.

관계망이 없습니다. 그러니까 술 마시고 밥 먹고 당구 치고 이런 사람은 있죠. 그런데 정말로 그 사람이 어디 사는지 모릅니다. 주소도 몰라요. 다행히 우리 공제회에 들어와 있는 분들은 그래도 인적 사항이라도 파악이 되거든요. 전화해 보고, 한 3, 4일 해 보고 안 받으면 찾아갑니다. 죽은 지 며칠 만에 발견된 경우도 있습니다. 금년 5월에, 우리 공제회원인데, 당뇨가 극심해져서 백내장 등등 합병증이 엄청 심하게 왔는데, 수술하고 이래야 되는데 돈이 없으니까 치료만 계속 받고 약물만 복용하고 있다가, 제가 느끼기에는 스스로 목숨을 끊었다고 보거든요, 왜냐? 그냥 희망이라든지 이런 거를 막아버리면은, 결국 사람은 죽습니다. 제가 3일 만에 발견을 했거든요. 그것도 우리는 인적 사항이 있기 때문에 그나마 그날 무슨 일이 있어서 전화를 했는데 안 받아서 찾아가니까 죽은 지 3일이 지났더군요. 이런 연락

처조차 없는 경우, 각각 보름, 일주일 지날 동안 시신이 방치된 경우도 있습니다.

부산이동노동자지원센터가 2022년 7월, '이슈페이퍼' 2호에 발표한 대리기사들의 건강 상태 조사를 보자.

73.6%의 기사들이 불규칙한 식사 습관을 가지고 있는데, 그중 과반수가 횟수와 시간 모두 불규칙하다. 야간노동인데다 언제 마칠

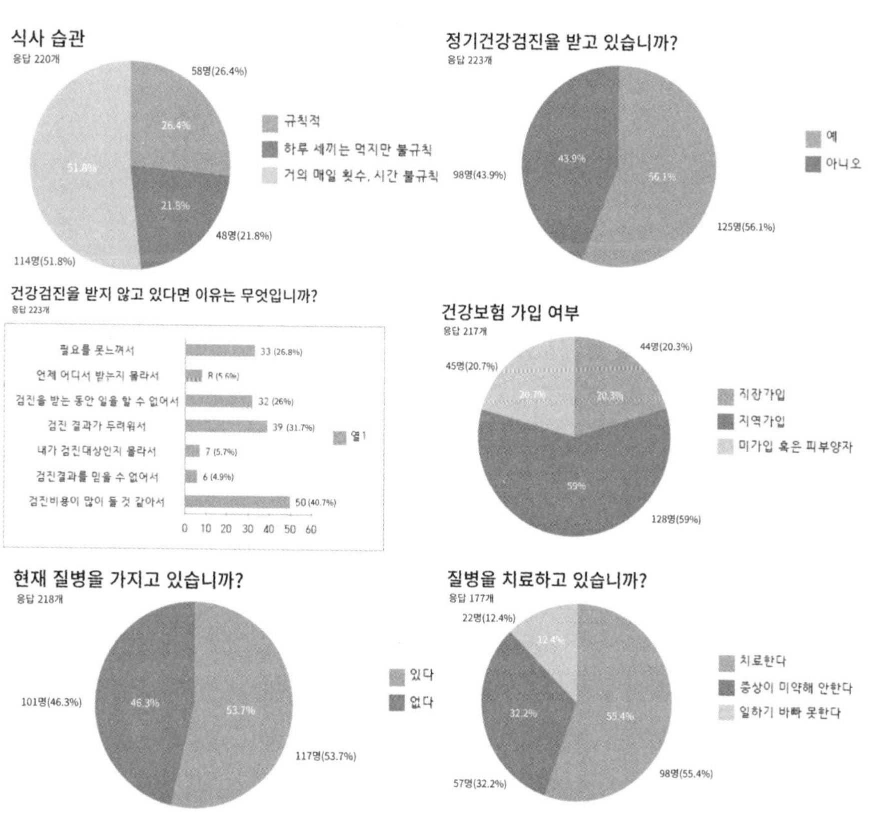

지 모르는 불규칙한 노동시간 때문이다. 수면시간도 너무 짧고 불규칙하다. 44%가량의 대리기사들이 건강검진을 받지 않는데, 그 이유의 절반이 비용 걱정 때문이다. '전 국민 건강보험 가입'이라는 구호가 무색하게 20% 남짓의 대리기사들이 미가입으로 나타난다. 과반수가 질병이 있고 치료하는 기사는 절반을 조금 넘는다.

공부하는 대리기사

동석 씨에게 대리운전은 '선택의 연속'이다. 조금이라도 나은 선택을 위해서는 공부하지 않을 수 없다. 그가 나열하는 공부 목록은 끝이 없다. 한 푼이라도 더 효과적으로 가성비 있게 벌기, 어떤 요일에 어디서 어떤 콜로 스타트할 것인가, 지리 익히기, 새로운 길, 질러가는 길, 가장 빠른 길 찾기, 도보 길도 연구해야 한다. 아파트 울타리 샛길 찾기는 아주 중요하다. 달맞이 고개 언덕 위 집에서 미포 끝집까지 직선로로 가면 800미터를 단축할 수 있다. 그가 열강 끝에 이렇게 결론을 내린다.

"길 아는 기사가 콜을 잡습니다!"

대리운전이 '막장 직업'이니 하는 말을 듣기는 하지만, 이 일에 만족하는 기사들도 꽤 있다. 앞서 소개한 에피소드에서 '사람 살린' 68년생 고대리가 그렇다. '고대리'는, 그가 '카부기밴드'에서 쓰는

닉네임이다. 이 이름부터가 일에 대
한 거부감이 별로 없어 보인다.

쉰을 넘긴 그는 줄곧 미혼이다.
고마운 아내와 자라나는 아이 보면
서 힘을 얻는 경우도 있지만, 생활
만족도가 높은 기사들은 대체로 미
혼이거나 독거인 경우가 많다. 자
식들이 독립하고 부부만 사는 경우,
특히 만족도가 높다. 부인이 돈벌이
를 하면, 그것도 나보다 더 많이 벌
면 금상첨화다. 아프거나 할 땐 외
롭지만, 하루 벌어 하루 쓰는 일이
다 보니 아무래도 홀몸이 부담이 적
고 시간 선택을 자유롭게 할 수 있
어서일 게다.

고대리가 발간한 "대리운전 길
라잡이"
그는 이 책을 교재 삼아 '대리
기사 직무교육' 강사로 활동하
기도 했다.

고내리는 20여 년 정도 입시학원에서 문학 강사 생활을 했다.
대리기사 8년차인데, 이 생활이 어떠냐 묻자 '대만족'이라는 답을
내놓는다. 시간 조절하기가 쉽고, 시간적 여유가 있어서 좋단다. 일
반 직장보다 수입은 적지만, 여유로운 생활을 감안하면 괜찮다. 이
쯤 되니 얼마나 버는지가 정말 궁금해졌다. 코로나 이후로 한 200 정
도 번단다. 애개, 싶어서 다시 쳐다보는데 표정이 넉넉하기 그지없
다. 부족한 건 저축해놓은 걸로 충당한단다. 저런 여유라니, 부럽다.

문학 강사 출신답게 그는 카부기밴드에 글을 자주 올린다. '대
리운전 기술에 인문학적으로 접근하여 정리'한다고 자평하는 그의

표정이 흐뭇하다. 초보 대리기사에게 도움될 만한 글들을 묶어 "대리운전 길라잡이"라는 소책자를 찍어내기도 했다. 얼마 전까지는 이 책자를 교재 삼아 '카부기상호공제회'가 개최하는 '대리기사 직무교육' 강사로 활동했다.

그는 5년차까지 매일같이 메모하고 복기하고 통계를 냈다. 그러면서 노하우가 쌓였다. 처음 시작할 때는 그야말로 몸으로 깨우쳤다. 부산시와 경남 전도를 사서 이틀 동안 외웠다. 낮 시간에는 직접 차를 몰고 나가서 외운 대로 길을 익혔다. 대단지 아파트의 경우 지도만으로는 헤매기 일쑤인데, 직접 몸으로 익혀두면 그만큼 시간을 아낄 수 있다. 콜 중간에 걸어서 장소 이동할 때도 지도로는 알 수 없는 샛길이나 '개구멍'을 알면 포기할 법한 콜을 건질 수도 있다. 손님이 인도하는 대로 가더라도 길을 알고 가는 것과 모르고 가는 것은 천지 차이다.

"대리운전 길라잡이"를 보면 지도 보는 법, 유용한 어플, 히치하이킹 방법, 카카오 콜 빨리 잡는 방법, 가계부 쓰기, 요금 미지불 시·사고시·진상고객 등 각종 대처법, 자주 가는 곳 집중 분석, 시 외곽 합차와 각종 교통 정보 등 대리기사에게 유용한 내용으로 가득하다.

그가 볼 때 손님들 90% 이상은 교양 있는 분들이다. 손님 스타일은 통화할 때부터 감이 온다. 처음부터 반말하는 손님들은 경계 대상이다. 혹시라도 시비를 걸거나 욕설을 내뱉는 손님에게는 조용히 말한다.

"지금부터 녹음하겠습니다."

그러면서 "혹시 폭행하면 증거로 써야죠." 식으로 웃으면서 넘어간다. 녹음을 하는 것은 손님을 경계하기보다 고대리 스스로의 행동을 통제하는 측면이 더 크다. 혹시라도 같이 거칠어지는 것을 방지하려는 것이다.

그는 이 일을 65세까지는 할 생각이다. 그러려면 앞으로 10여 년을 사고 없이 꾸준하게 수익을 올려야 한다. 그렇게만 하면 노후 대비도 그럭저럭 할 수 있지 않을까 기대한다. 물론 코로나처럼 힘들 때도 있을 것이다. 고대리도 코로나 때 100에서 150만 원 정도밖에는 못 벌었다. 한 콜도 못 받는 날도 있을 수 있다. 첫 콜이 너무 늦으면 그냥 퇴근하는 기사도 많다. 손님과 너무 심하게 마찰을 빚는 기사도 있는데, 그러면 본인이 힘들어진다.

고대리가 내놓는 대안은 '자기를 내려놓을 줄 알아야 한다'는 것이다. 고대리가 정리한 '대리기사의 발전단계와 유형'을 보면, 1단계: 초보자부터 2단계: 무대포형, 3단계: 베테랑, 4단계: 운명인, 5단계: 열반·해탈인까지 있다. 고대리는 '마음 가는 대로 운행하는 무욕의 경지'인 5단계에는 아직 못 미친 4단계쯤으로 자신을 진단한다. 시리와 각종 시간대에 통달하고, 수입을 자랑하지 않는, 대리운전을 위해 태어난 운명적인 사람.

해탈의 경지에 이르다

어쩌면 카부기공제회 부회장을 맡고 있는 61년생 인권 씨가 5

단계에 접어든 것 아닌가 싶다. 61년생인 그는 15년째 대리 일을 하고 있는데, '세는 게 무의미한' 세월이다. 그도 한때는 하루 17시간씩 쓰러지기 전까지 일에 매달렸다. 이제는 죽었다 깨나도 그렇게는 못한다. 6시간만 지나면 종아리가 뻣뻣해지고 그게 허리로, 목까지 올라온다. 그러면서 깨달은 게 건강이 최고라는 사실이다. 이제는 종아리가 뻣뻣해질 때까지만, 그러니까 6시간 정도, 피크타임 때만 잘라서 일을 한다. 남는 시간에는 젊은 대리기사들에게 밥도 사고 술도 산다. 힘든 얘기 들어줄 때가 즐겁다.

부모님 돌아가시고 학생이던 아이가 공무원으로 독립한 덕일게다. 혼자 벌어 혼자 쓰는데 벌면 얼마나 벌고 쓰면 얼마나 쓴다고 무리를 할까 싶다. 영혼을 갈아 넣어서 일하고 싶지는 않다. 그러노라니 돈 번다는 개념이 없어지는 것 같다.

돈 욕심을 버리니 대리기사 권익에 관심이 갔다. 공제회 등 활동에 참여한 지 한 5년 됐다. 아들이 공무원이어서 노조 활동을 열심히 하지 못한 미안한 마음도 있다. 대리기사 모임마다 다 참석한다. 정답을 알 수 없으니 여기저기 다니면서 이 사람 저 사람 얘기라도 열심히 들을 참이다. 그러다가 공제회 활동을 하게 되었다.

인권 씨가 달관하게 된 건 대리기사 일만이 아니다. 공제회 활동을 열심히 하기는 해도, 그 활동에 감정까지 싣고 싶지는 않다. 과몰입해서 실패하고 극심하게 스트레스 받는 사람들을 많이 봐서다.

"실패에 익숙해질 필요가 있습니다. 무엇보다 활동하는 내가 지쳐서는 안 되니까 말이죠."

'해탈인'에 이른 대리기사를 얘기할라치면 남성 씨를 빼놓을 수 없다. 고대리가 설명하는 '열반·해탈인' 항목에 '기피지역이든 선호지역이든 중요하지 않다'는 게 있는데, 남성 씨가 딱 그렇다. 그는 '똥콜'이든 '꿀콜'이든 묻지도 따지지도 않고 무조건 오케이다.

"재송동이나 산복도로 같은 꼭대기 가는 분들이나 그 꼭대기에서 출발하는 분들은 콜 부르면서 대기시간 걱정을 많이 합니다. 어떤 때는 몇 시간을 기다려도 콜을 못 잡는 경우가 있거든요. 저는 그런 거 가리잖고 무조건 갑니다. 웃으면서 나타나면 깜짝 놀래요. 그때부터 손님과 즐거운 대화가 오가지요.

"고민하면서 불렀는데 이렇게 빨리 오는 날이 있네요. 정말 감사합니다."

"아, 예. 괜찮습니다. 하하."

"기사님은 참 표정이 밝습니다. 도살장 끌려가는 소 같은 경우도 있거든요. 그럴 땐 말 걸기가 겁납디다."

"인상 쓰면 요금 더 주십니까? 제 관리를 위해서 즐겁게 합니다."

"덕분에 하루 마무리가 참 좋습니다. 콜 불렀는데 안 오면 기분이 나빠지거든요."

그러면 대체로 팁을 주십니다. 카카오는 90%가 카드 결제지만 현찰로 1, 2만 원씩 주기도 하죠."

욕심을 버리는데 오히려 팁을 자주 받는다. 그런 그도 오지에 가는 손님들에게 하고 싶은 말이 있다. 그런 일에 스트레스 받는 동생들이 안타까워서다.

"오지에 갈 때는 요금 책정을 잘 해줬으면 좋겠습니다. 최소 두세 콜은 허비하는 건데 어느 정도는 보상을 해 줘야 서로 좋지 않을까요?"

연중 콜 등락 읽기

64년생 동석 씨와 인터뷰하던 중 한바탕 열강을 들었다. 강좌명, '연중 콜 등락 읽기'. 순전히 내가 우문을 던진 탓이다.

"시간, 날씨, 요일, 특정 기간별 변수가 있을까요?"

묻는 순간, 동석 씨가 근엄하게 말한다.

"그런 건 변수가 아니고 상수죠. 변수는 과음이나 노름, 과로처럼 자기 관리를 제대로 못 해서 생기는 일이나 콜 수락 여부를 제대로 판단하느냐 못하느냐 같은 판단력이죠."

시간대별로는 9시 30분부터 11시 4, 50분까지가 피크다. 예전에는 12시 30분까지였는데 코로나 이후 사람들 라이프스타일이 바뀌었단다. 코로나 3년이 사람들의 귀소본능을 자극한 모양이다. 이 시간에 알바도 많이 몰린다. 코로나 때는 특히 많이 몰렸다. 앱 깔고 본인 신고만 하면 등록 절차 끝인 카카오가 특히 그랬다. 카카오는 예치금도 필요 없다. 로지나 콜마너 같은 기계식 프로그램에는 전업 기사가 80% 가까이 되지만, 카카오는 전업이 2, 30%가량이고 나머지는 '투잡'이라고 보면 된다. 카카오는 '똥콜'을 가리지 않는다. 순식간에 콜이 지워진다.

요일별로 보자. 목요일이 금요일보다 수입이 많다. 콜 자체는 금요일이 많지만 그만큼 투잡들이 몰려들어서 그렇단다. 토요일도 콜은 많지만 투잡도 많고 시간대가 넓게 퍼져서 피크라 할만한 시간이 없다. 낮부터 콜이 많다. 일요일은 상대적으로 적다. 그래도 괜찮은 게 이날은 투잡들이 다음날 출근 준비하느라 적게 나온다. 전업

기사들은 일요일이 훨씬 매출이 많다. 대신 월요일이나 콜 없는 날 작파하고 쉰다.

계절 요인을 보자. 계절별로 따지지 말고 계절 안에서 답을 찾아라. 1월부터 2월까지는 비수기다. 연말에 한바탕 몰아친 데다가 마음가짐을 새로이 다진 탓일 게다. 3월은 입학 시즌이라 살짝 비수기다. 4, 5월이 '콜밭'이다. 6, 7월은 각종 날들이 많아서 평작이고 8월은 굉장히 비수기다. 덥기도 하고 휴가도 많이 가고 하니까. 그 다음 비수기는 12월 25일 지나고다. 25일부터 며칠은 진짜 콜이 없다. 연말 3일 전부터 1월 1일 새벽 4, 5시까지는 콜이 넘쳐난다. (이번엔 연말에도 콜이 말랐다.) 그 이후부터 1월은 콜이 없다.

듣다 보니 재미있다. 콜 수로 사람들 생활 패턴을 짐작할 수 있으니 말이다. 말 나온 김에 공휴일 별로는 어떤지 물었다. 5월 5일과 6월 6일은 절망적인 날이다. 어린이날 술 마시는 어른 없고, 현충일은 유흥업소들이 다 문을 닫는다. 특별한 휴일은 명절이다. 명절은 콜이 전멸은 아니고, 아주 작은 규모의 콜들이 낮부터 새벽까지 계속, 가는 띠가 쭉 이어져 있는 그런 느낌이다. 풍선 터지는 그런 느낌이 없다. 사람들이 유독 많이 몰리는 날은 연휴 끝나기 전날이다. 예를 들어 5일 정도 연휴가 이어질 때 첫날에 콜이 굉장히 많고 그 다음 연휴 끝나기 전날, 연휴 사흘째 날에 미어 터진다.

명절이라고 무조건 콜이 많지만은 않다. 요즘처럼 불경기면서 설 연휴가 1월이면 콜이 완전히 죽는다 한다. 이미 연말에 큰 돈을 썼는데 1월 연휴면 기간이 짧아서 돈 쓰기가 부담스럽기도 하거니와, 힘들 때는 저축하는 데 더 신경을 쓰기 때문이다. 이래저래 대리기사에게 2023년은 시작부터 힘겨울 듯싶다.

어버이날은 어떨까? 부모님 모시고 식사 대접도 해야 하니까 없을 것 같은데? 아니다. 굉장히 많다. 부모님 모시고 술 마시지는 않으니까 저녁만 먹는다. 식사 후 부모님 모셔다 드리고 가족들끼리 또는 친구 만나서 한 잔씩 한다. 그러니까 1차를 아주 깔끔하게 일찍 마쳤는데, 그렇기 때문에 오히려 콜이 많아진다는 거다.

연신 감탄하는데, 뭔가 비밀을 들려주듯이 슬쩍 말을 건넨다.

"진짜 콜 많은 날은 태풍 온 날이지요."

"엥? 왜요, 그건 또?"

비가 굉장히 많이 오면 어느 누구도 음주운전을 하지 않기 때문이다. 한 잔만 마셨더라도 전부 다 콜을 부른다. 게다가 대리기사들도 한 80%가 집에 들어가버린다. 남아 있는 20%는 대어만 낚는다.

"그러니까 팬티까지 물에 젖을 정도로 달리면 1년 중에 가장 매출을 많이 올릴 수 있는 때가 태풍 부는 날이죠."

대리기사 수가 워낙에 적으니까 기사는 금액이 한껏 오를 때까지 기다린다. 기사와 고객의 눈치 싸움이 벌어지는 것이다. 처음 2만 원짜리 올라오고 하다가 그게 나중에는 5만 원, 6만 원까지 오르고 심하면 양산에서 해운대 가는데 7만 원, 8만 원까지 오르기도 한다.

거꾸로 눈 오는 날은 콜이 없다. 부산이 아예 눈이 안 내리기도 하지만, 일단 눈이 내리면 사람들이 차를 포기해버린다. 눈 오는 날에는 대리기사들도 운전을 포기한다. 괜히 운전대 잡았다가 배보다 배꼽이 더 커지는 사태가 벌어질지 모르니까.

대리기사라서 포기한 것들

낮밤이 바뀌는 바람에 대리기사가 포기해야 할 것들이 꽤 많다. 가장 먼저는 밤잠이다. 끝나는 시간은 각자가 세운 목표치나 노동시간에 따라 제각각이다. 도환 씨처럼 대중교통 떨어질 때까지만 일하겠다는 기사들은 대체로 카카오 같은 합류차가 없는 프로그램에만 가입한다. 그러면 출근비 등의 초과 비용을 줄일 수 있고 밤에 잠을 잘 수 있다. 물론 그만큼 수입을 포기해야 한다. 아르바이트로 대리 일을 하거나 낮에 음식배달 등을 병행하는 사람들이 주로 이 선택을 한다. 전체 대리기사의 20%를 조금 넘을 것으로 추측된다. 최근 불경기를 맞아 겸업 숫자가 급격히 늘어났다. 도환 씨는, 지방에서는 카카오 점유율이 쉽게 오르지 않을 것이라 본다. 대리운전 주 고객층이 중장년인데, 그들은 기존 대리운전 관행, 즉 전화콜에 익숙해 있기 때문이다.

7, 80% 정도 되는 전업 기사들은 대체로 새벽까지 일을 한다. 이른 새벽이나 아침 다 돼서 퇴근한다. 당연히 밤잠은 포기해야 한다. 인터뷰한 전업 기사들 대부분 수면시간이 6시간 이하였다. 가장 많이 자는 사람이 7시간이었다. 부족한 잠을 몰아서 해결하다 보니 대다수가 수면장애를 겪는다. 규칙적인 생활을 하려고 애쓰지만, 쉽지는 않다. 가정이 있는 경우라면 가족들과 생활 패턴이 달라서 대화할 시간이 부족하기도 하다.

사회생활 하면서 맺었던 인간관계들을 불가피하게 포기하는 경우가 많다. 물론 모두가 그렇지는 않다. 독신이면서 꽤 여유롭게 운전하는 윤상 씨나 도환 씨는 여전히 친구가 많은 편이고, 친구 만날 때는 운전을 접고 모임에 나간다. 자주는 못 만나지만. 술을 아예 안 마시는 미영 씨는 지금도 어릴 때부터 친하던 친구들 만나서 밥 같이 먹는다. 운전 서툰 친구가 자주 연락을 하기도 한다. 대리운전 때문에 일상생활이 불편하지는 않다. 그래도 아프면 안 되니까 만나는 걸 조금은 사리는 편이다.

철곤 씨는 사회 생활하면서 만나던 친구들과 거의 단절상태다. 아주 가끔 동창들을 보더라도 이미 서로 사는 물이 달라서인지 대화가 잘 통하지 않는다. 워낙 오지랖이 넓었던 동석 씨는 400명 정도 되던 친구가 팍 줄어서 40명쯤 남았다. 지금도 술만 마시면 전화하는 친구들이 있지만, 시간이 안 맞아서 못 만난다.

대리기사 주변에는 당연히 대리기사가 가장 많다. 그런데 대리기사들끼리 관계를 맺는 경우는 극히 드물다. 같이 지내는 시간과 공간이 절대적으로 부족하기 때문이다. 대기하면서, 합류차 기다리면서, 합류차 안에서 잠깐 만나는 것이 거의 전부다 보니 길어야 5분 정도, 인사하고 커피 한 잔 하는 게 다다. 이 짧은 만남에 붙인 이름이 '5분 미팅', '5분 인간관계'다. 오늘 만났다고 내일 또 만난다는 보장은 없다. 일도 제각각 알아서 하는 데다 서로 어울릴 시간도 장소도 없다 보니, 노동조합 같은 조직 활동을 하는 데는 최악의 조건이다.

대리기사들이 가장 아쉬워하는 것은 '워라밸', 즉 '일과 삶의 균형'이다. 삶의 만족도가 떨어지는 가장 큰 이유다. 만나는 기사들마다 비슷한 하소연을 한다. 코로나를 거치면서 더 심해졌다. 문화생활을 누리지 못하는 것을 이렇게 크게 안타까워하리라고는 인터뷰하기 전까지 솔직히 상상을 못했다. 이 문제 역시 소득과 직결된다. 소득이 줄어드니 노동시간을 늘릴 수밖에 없고, 그만큼 문화생활에서 멀어지는 것이다.

제가 코로나 영업 제한 오기 전까지는 굉장히 행복했거든요. 수입 좀 줄더라도 12시 전후에 들어가서 음악 실컷 듣고 영화도 보고 책도 보는 시간이 너무 좋더라고요. 근데 이제는 귀가 시간도 늦고 그간 누리던 것들을 다 못하게 돼 버렸네요.

여가 생활도 어느 정도 수입이 보장돼야 가능한데 지금은 그렇지 못합니다. 나도 그전에는 주일날은 꼬박꼬박 쉬었거든요. 교회 가서 예배드리고 가족이랑 맛있는 것도 먹고 했죠. 지금은 일요일 날 쉬어본 적이 없는 것 같아요.

책도 많이 읽고, 음악도 듣고, 산도 다니는 게 제 취미예요. 지금 어느 것 하나 하는 게 없어요. 책 못 읽은 지 3년 정도 됐습니다. 아예 글자를 접할 기회조차 드물어요.

공제회 일에 열심이면서 누구보다 현재 삶에 만족한다는 철곤 씨조차도 이 대목에서는 불만을 드러낸다.

"열심히 살고 있지만 하고 싶은 걸 하지는 못합니다. 제가 예순 다섯까지는 대리할 생각이지만, 갈증이 있어요. 제 꿈이 여행작가 거든요. 음악도 좋아하죠. 동유럽 여행하면서 현지 음악 기행문을 쓰고 싶어요. 전에는 주일에 교회 갔다가 영화도 보고 등산도 하고 했는데, 지금은 교회 끝나면 바로 대리하러 나가야 돼요. 어떤 경우엔 마이너스가 되기도 하고요. 개인 생활은 거의 못 합니다. 뭐, 그래도 지금 일하는 건 내가 원해서 하는 거니까 괜찮아요."

봉사는 나의 힘

82년생 산호 씨는 대리하다가 택시로 넘어갔지만, 틈날 때는 대리도 하는 '투잡'이다. 그는 여전히 '카부기밴드'에서 대리기사들과 함께 소식을 나눈다. 고달픈 대리기사의 사정을 잘 알기에, 빈 택시 몰고 가다가 혼자 떨어져 있는 기사를 만나면 공짜로 태워준다.

"기사님, 여기 콜 없습니다. 콜 많은 데까지 모셔다 드릴게요."

새벽에는 밴드에 '무료합류' 공지를 올려 오지에 떨어진 기사들의 '탈출'을 돕는다. 그의 차를 탄 기사들은 '쉼터(도담도담)'나 '카부기 밴드', '공제회' 소식을 듣게 된다. 그 덕에 밴드에 첫 글을 올리는 사람도 있다.

그는 가히 '봉사왕'이라 해도 지나치지 않을 만큼 많은 봉사활동을 한다. 2023년 첫날도 '떡국나눔' 봉사로 시작했다. 그의 봉사활동 목록을 들어보면 입이 떡 벌어진다. 유기견, 장애복지(시설), 환경(유원지 쓰레기 수거), 교통·방범·행사 등 봉사가 필요한 거의 모든 분야를 망라한다. 주로 주말에 활동하는데, 봉사 끝내고 택시나 대리 일을 한다. 여유만 생기면 봉사할 생각부터 한다.

그렇게 열심히 봉사활동을 하게 된 계기가 있을까요? 물었더니 그런 건 없단다. 그저 장애인이나 어르신 등 나보다 어려운 사람을 돕고 싶어서 하는 것일 뿐이다. 그렇게 시작한 것이 고등학생 때부터니 40대 초반인 그의 봉사활동 이력은 20년을 훨씬 넘는다. 평생 도우면서 사는 게 꿈이다.

"봉사할 수 있다는 건 제가 건강하다는 증거이기도 합니다. 아직 젊어서 노동시간은 얼마든지 조절할 수 있습니다."

'나보다 어려운 사람'을 돕는다는 그의 형편도 그리 좋은 건 아니다. 미혼인 그는 어머니와 둘이서 산다. 투자에 실패하는 바람에 생긴 빚을 매달 90만 원씩 갚고 있다. 4년 정도 갚아서 이제 절반쯤 남았다. 투잡에 봉사까지 하루하루를 꽉 채워서 보내는 그는 하루 5, 6시간 정도 잔다. 비번 때는 아예 뻗는다.

산호 씨는 대리기사 쪽으로도 봉사 영역을 넓힐 생각이 있다. 카부기공제회 회원인 그는 시켜만 준다면 공제회 일도 하고 싶다. 그의 좌우명은 '오늘 안 되면 내일 열심히'다. 스스로 낙관적이라고 한다. 그런데 외롭다. 연애도 하고 결혼도 하고 싶은 총각이다. 최우선으로 자기를 위한 봉사가 필요해 보인다.

나는 노동자일까?

사용자들이 플랫폼 노동자의 노동자성을 부인하는 상황에서

당사자들의 인식은 어떨까? 인터뷰에서 만난 대리기사들의 생각은
각기 달랐다.

> 대리운전자들이 자존감을 가졌으면 좋겠어요. '나는 서비스 업
> 종에 종사하는 사장이다', '내 손님 모시고 간다', 이렇게 생각하
> 면 고객에게 공손하게 되고, 그렇게 친절하면 고객도 막 대하지
> 않습니다.

> 내가 노동자? 어려운 문제네요. 자영업의 성격을 띤 노동자 아
> 닐까요?

> 저는 자영업자라고 생각합니다.

> 당연히 노동자죠! '사장'이라 부르면 안 됩니다. 노동자여야만
> 노동자로서 누릴 수 있는 권리를 보장받을 수 있지요. 그렇잖으
> 니까 사회안전망에서 소외되는 것 아닙니까. 사장으로 규정되
> 면 그런 혜택을 볼 수 없습니다.

위 답변들에서 느끼는 것은, 답변에 따라 '노동자'에 대한 인
식이 각기 다르다는 점이다. 본인을 '사장'이라고 한 경우, '자존감'
을 근거로 들었다. '노동자'를 '사회적인 평판이나 지위'와 연관 지
어 사고하는 경우다. 불리는 호칭에 사회적 지위와 사회적 기대치
가 반영된다는 '호명(呼名)이론'을 떠올릴 법하다. 노동자라 불리면
사회적 지위가 떨어지고, 뭔가 시키는 대로 해야 할 것처럼 여겨지

는 것이다. 반면 '사장이라 부르면 안 된다'는 경우, 노동자로서 누리 수 있는 권리에 주목한다. '노동자'를 권리 주체의 맥락에서 보는 것이다. 이런 사실은 '방과후강사' 좌담에서 아주 잘 드러났는데, 다수의 강사들이 코로나 이전까지는 자신을 '교사'로 인식하다가 이후 '노동자'라고 여기는 일종의 '각성'을 보였다.

아래 표는 각각 국가인권위와 부산연구원의 대리기사 정체성 조사 결과다.

자기 정체성 규정(전국)

사업자	노동자	파트너	회원	기타
13.0%	64.4	15.8	4.0	2.8

플랫폼 일 관련 자신에 대한 인식(부산)

노동자	협력 파트너	서비스제공 사업자	플랫폼 참여회원	기타
45.2%	22.6	21.7	5.2	5.2

대리기사들의 노동자성 인식 정도는 전국 비율로 보더라도 그리 높은 편은 아니다. 업체에 '전속적'이고 '지속적'으로 고용되어 있지 않은 특수성과 플랫폼 노동에 대한 고정관념이 강하게 작용하고 있다고 봐야 할 것이다. 부산지역 대리기사들의 노동자성 인식 정도는 50%에도 미치지 못한다. 전국에 비해 20% 정도 차이가 날 만큼 낮다. 그 원인은 면밀히 분석해봐야겠지만, 전국대리운전노조 부산지부가 사고지부가 되다시피 한 현실과 무관하지 않을 듯싶다.

제5장

여성 대리기사들의 수다

여성 대리기사의 비율은 대략 10% 내외로 본다. 오랫동안 트리콜에서 일한 미영 씨 말로는 로그인하는 기사가 1,900명쯤 되는데 거기서도 여성 기사가 200명 정도 된다 한다. 40대 후반이 지나면서부터 여성들의 취업이 거의 불가능하다 보니 꾸준히 여성들이 유입되는 것 같다고. 여성 기사를 배치해달라는 요구도 많다. 여성 기사들의 일상이 궁금하던 차에 마침 모임이 있다는 반가운 소식이 들렸다.

2022년이 지나기 직전인 12월 19일 오후, 서면 쉼터에 여성 대리기사 10명이 모였다. '카부기상호공제회' 여성모임 (가칭) '여성만세'가 개최한 '여성 대리기사 직무교육'과 간담회다. 이렇게 여성 대리기사들이 모이기는 처음이다. 어색하던 분위기도 잠시, 담아뒀던 이야기들이 풀리면서 주체할 수 없게 달아올랐다. 연신 '오오', '아아'로 호응하고, 대리하다가 겪은 애환을 얘기할 때는 울먹이기도 하고, 자기 경험이 떠올라 너나없이 거드는 바람에 장바닥으로 돌변하기도 했다. 밤을 새워도 모자랄 만큼 할 얘기는 넘쳤다. 이걸 책으로 냈으면 좋겠다는 말이 나왔다. 그건 차차 하기로 하고 우선은 이 자리에서 나온 얘기라도 정리해보기로 했다. 최대한 현장 분위기를 살리기 위해 사투리나 어투를 그대로 옮긴다.

대리운전을 하게 된 동기

"안녕하세요. 저는 울산 언양에서 왔고요. 대리운전은 한 15년 차 되고요. 이름은 정00입니다. 올해 50세고요.

제가 치킨집을 했어요. 치킨집을 하다가 사고가 나서 다리가 절단이 돼서 한 2년을 병원에 있었어요. 이제 보조기 떼고 먹고살기 위해서 대리를 시작했습니다. 부산에서 '전유성의 오천콜'부터 시작을 해서 여러 가지 프로그램을 하다가 지금은 로지를 하고 있습니다."

"저는 대리기사 하게 된 동기가, 누가 하라 소리도 안 하고 그랬는데, 아저씨가 돌아가신 지 한 5, 6년 됐어, 국제시장 사채놀이 하는 데서 고향 언니를 만나가 한 4년 동안 돈을 많이 벌었다가 다 사기당했어. 그래가지고 내가 죽을라고 정말 죽을라고 유서까지 다 써놨어. 그랬는데 제가 아침마다 헬스장에 다녔는데, 헬스장에 내보다 한 서너 살 적은 사람이 있었는데 그 사람이 양산에 소주공단에 간다고 내보고 저녁에 일곱 시부터 열 시 반까지 운전을 좀 해달라 하더라고. 정말 죽을라고 맘먹은 내가 운전을 잘 하겠다, 생각하면서 운전을 해주는데, 한 세 시간 만에 왔는데 돈을 15만 원을 주더라고. 이거 대리운전을 하면 되겠다, 이런 생각이 딱 들더라고. 그 이튿날 바로 트리콜에 전화를, 아니 114 걸어서 아무 데나 대리

2022년 12월 19일, 서면 쉼터에서 열린 '여성 대리기사 직무교육' 이후 간담회에서 여성 기사들이 자기소개를 하고 있다.

하는 회사 바꿔 달라니까 트리콜로 바꿔주더라고. 면접 보러 오라 하더라고. 가니까 바로 오케이 해서 그 이튿날부터 바로 일을 했어요."

죽으려던 사람을 살게 해준 일이니 오죽 고마울까. 이어지는 말에 웃음꽃이 피어난다.

"내가 지금 여기 만족하고 지금 죽고 싶은데 바빠서 못 죽어. (하하하. 짝짝짝) 너무너무 바쁘게 살아요. 대리운전하기 전에 내가 그림을 그리는 사람이라, 그림을 그리고 화실에 다니고 이렇게 하다가 막 붓을 탁 놔버렸어. 하이튼 마 그렇습니다."

사실 그렇게 웃을 이야기가 아닌데, 비슷한 처지들이 떠오르는 걸 게다. 아니나 다를까, 이내 눈물을 보인다.

"안녕하세요. 저는 울산 남구에 거주를 하고요. 올해 마흔일곱이고 이름은 문○○입니다. 대리 생활은 언니야들보다 좀 마이 그거 하지만 한 5년 됐고요. 시작하게 된 동기는 당연히 다 그렇겠지만 먹고 살기 위한, 뭐 …… 아니 원래 내가 눈물이 많아서 그래."

여기저기서 '파이팅'을 외친다. 누군가 '아픈 사람이 많이 운다'고 속삭인다.

"눈물이 많아 가지고 이런 말 하라 하면 좀 못하겠다, 내가, 자꾸 눈물이 나와서. 언니들도 안 해 본 일이 없으시겠지만, 울산에 제가 내려온 게 한 10년 정도 된 것 같아요. 아니 거의 전국적으로 살았다고 해도 과언이 아니죠. 마지막이 이제 울산인 거지. 아무튼 뭐 열심히 한번 살아보려고 1년 쉬었다가 또다시 시작하게 됐어요."

힘겹게 인사를 마치자 '파이팅' 소리와 함께 박수가 터진다.

"안녕하세요. 이름은 강○○이고 트리콜에 근무하고 있습니다. 카카오하고 트리콜 하고 있고, 49살이거든요. 제가 화장품, 지금도 화장품 회사 오전에 하고 있고요. 근데 거의 잘 안 해요, 이 대리 시작하고는. 대리 시작한 지 한 4년 조금 넘었는데, 저도 뭐 생활고에 혼자서 애들 둘 키우고 하다 보니까. 그리고 이제 요즘 같은 경우는 대리운전하면서 제 손이 사실 조금만 찬바람 쐬도 잘 안 움직여요, 통증이 있어요. 한 10월 정도부터 대학병원 다니는데도 약 먹어도 잘 안되거든요. 운전 딱 하면 '1분 있다 출발할게요' 힝싱 그래요."

다른 사람들처럼 강 씨도 대리운전하게 된 것을 다행으로 여긴다. 얘기 중간에 '내하고 똑같네' 하는 추임새가 들린다.

"진작 대리운전을 좀 더 저는 빨리, 더 빨리 했으면 더 좋았을 걸 싶거든요. 좀 잘 맞는 거 같고. 그랬으면 좀 덜 어려웠을 건데, 늦게 만나 가지고 열심히 잘 하고 있습니다."

"안녕하세요. 이름은 유○○입니다. 여기 부산 만덕에 살아요. 근데 일은 저기 경남 쪽에서만 하고 있어요. 연령대는 50대고요.

대리운전을 시작한 계기는 내가 포장마차를 했어요, 7년을. 대저에서 했는데, 대저에 그린벨트가 풀리면서 그 많던 고물상이 다 이전을 하게 된 거야. 그렇게 하나씩 하나씩 나가다 보니까 손님이 자꾸 떨어지고 안 되는 거야. 우리 애들이 학교를 대저에서 다니는데 그중에 학부모도 그렇고 좀 안다는 사람들은 뭘 먹고 가면 외상을 많이 하는 거예요. 결국은 내가 그만두면서 이제 깔린 거 보니까 한 500 얼마가 되더라고.

손님이 왔는데, 그 손님이 이제 대리를 부르는데 여자 기사님이 오신 거야, 내가 가장 힘들 때. 그분이 '사장님, 그냥 이거 하지 말고 대리나 하자' 이러는 거야. 그래 그거를 이제 몇 번 알아봤지. 이리저리 알아보고 또 알아보고 하다가, 그렇게 이거 하려고 1년 반을 생각했어요, 그거를 못 놓아서. 그래가 마지막에 어디 갔냐, 점집에 갔어요. 아니다, 역술원에. 가서 딱 들어섰는데 '직업이 운전이에요?' 이러는 거예요. '아니요.' 그랬더니 '운전을 하지. 돈 많이 벌겠는데', 이러는 거야. 그래서 그때 결심을 하고 대리운전을 했는데 대저에서 하니까 손님들이 너무 아는 사람이 많은 거예요. 그래가지고 때려치우고 (김해) 장유로 왔어요. 그렇게 시작한 게 벌써 13년째입니다."

"네, 안녕하십니까. 저는 김○○이고요. 거주 지역은 부산 영도삽니다. 그리고 연령대는 62년생이니까 만으로 쉰아홉입니다."

나이 얘기에 일제히 깔깔깔 웃음이 터지고, 김 씨는 큰 소리로 "아, 싫어!" 한다. 62년생이면 우리 나이로 예순하나인데, 해 다 지난 12월19일까지도 '만으로' 쉰아홉이라면서 필사적으로 환갑을 피하는 게 우습긴 하다.

"대리운전을 시작한 계기는 저도 비슷합니다. 애가 3명이고 남편도 같이 벌었지만 이제 진짜 밑 빠진 독에 물 붓는, 그냥 애들 세 명이서 막 커가니까, 그래서 남항동 시장에서 선식 가게도 하고 이런저런 알바도 하고 하다가 저도 누가 소개해준 건 아닌데 운전하는 걸 좀 좋아했나 봐요. 나 운전대만 잡으면 너무 기분이 좋은 거예요. 막 스트레스가 풀리고 ("내하고 똑같다.") 내 돈 안 들이고 어디를 가도 돈을 받고 가잖아요. 그럼 너무 기분이 좋은 거예요, 나는. 그리고 막 어디 뛰어다니고 막 하는 게 난 좋더라고요. 돈도 벌고. 그래서 하다가 하단에서 또 가게도 한 6년 하다가 이번에 또 코로나 때 그 가게 접고 또다시 뭐 할 게 없더라고요, 보니까. 내 나이에 어디 가서 무슨 서빙을 하겠어요, 뭘 하겠어요? 그러니까 대리운전이 돈이 되는 건 아니까, 루트도 알고 하니까, 그냥 지금은 트리콜하고, 처음에는 트리콜도 안 했는데, 카카오만 하고 있다가 트리콜 하나 해 가지고 2개를 하고 있거든요. 그냥 열심히 하고 있어요."

"저는 여○○이고 나이 50대 중반입니다. 여기 이 일을 하게 된 건, 이제 정수기 업체 쪽에 렌탈 서비스, 네, 그쪽에서 일을 하다가, 그쪽도 이제 여성 노동이라는 게 항상 좀 근기 없이 많이 쪼이고 그렇다 보니까 이제 많은 트러블이 있었고, 돈하고 (내 인권을) 바꾸는 게 이제는 속이 너무 상하니까, 그냥 이제 회식할 때 술 한잔 먹고 대리 불러서 왔는데 대리기사님이 이제 여성인데, 나는 대리기사는 남자들만 하는 줄 알았어요, 저도 거기 낚여가지고 한 2주 고민하다가, 그래, 운전하는 거는 그냥 편하게 그냥 왔다 갔다 하면 되지 않겠나, 그런 생각에서 아주 쉽게 결정한 거죠. 근데 참 이게 여성이 집 안일하고 또 일을 하고 한다는 게 참 힘든 것 같습니다. 이상입니다."

"저는 이○○입니다. 거주 지역은 김해고 연령대는 50대 후반이고. 대리운전을 시작하게 된 거는 제가 40대 중반에 시작을 했는데, 그때는 제가 직장을 가려고 하니까 받아주는 데가 없었어요. 45세 이상은 받아주는 데가 없었어요. 그래서 좀 자유롭게 시간 좀 구애받지 않고 할 수 있는 데가 있을까 싶어서 정보지란 정보지는 다 갖다 펼쳐놓고 제가 봤거든요. 근데 대리운전 광고가 너무 크게 나 있는 거예요. 대리운전이 그때는 저 뭔지도 몰랐어요. 그래서 이제 전화를 하니까 무조건 오라 그래요. 사무실로 갔더니 그때는 전부 다 현금이었거든요, 지금은 카드지만. 가니까 나가면 현금인 거예요.

제가 원래 잠이 없긴 없는데 대리운전 시작해 가지고는 3시간, 4시간 이상을 자본 적이 없어요. 일찍 나가서 했는데 돈은 되더라고요. 그렇게 해서 시작을 했죠.

제가 다른 일을 좀 하다가 이제 남한테 빌려준 돈을 못 받고 가게로 받았어요. 한 번도 해본 적이 없는 가게를 받아 가지고 그거를, 들어보셨는가 모르는데, 콩나물을 키우는 공장 하고 가게를 제가 받았어요. 근데 제가 한 번도 안 해본 일이라서 6년을 하면서 그것도 다 날리긴 했지만 제 몸에 병이 왔어요. 낮잠을 제가 평생을 자본 적이 없는 사람인데 낮잠을 자면 다섯 시간씩 이렇게 자요. 못 일어나는 거예요. 이렇게 스펀지가, 사람이 누우면 푹 꺼진다는 느낌을 그때 제가 처음 받았거든요. 그때는 나 이렇게 살다가 죽을 것 같다. 그래서 다 털었어요. 제가 트럭을 두 개 갖고 이제 납품을 했는데 그거 다 팔고 다 털었어요.

다시 시작을 한 게 대리운전이었는데 저는 대리운전하면서 거의 다 뛰어다녔어요. 택시를 탄 일이 거의 없습니다. 그래서 한 1년 하면서 건강을 회복을 했어요."

마지막 인사 차례인데 분위기가 좀 다르다. "전설이 나왔다."는 소리가 들리는 걸 봐서는 이 바닥에서 유명한 모양이다.

"안녕하세요. 이름은 손○○이고요. 거주 지역은 창원 성산구 남양동입니다."

("전설이 나왔다!")

"대리운전을 시작하게 된 계기는, 제가 40대에 남편하고 사별하고 딸내미가 3명 있어요, 그 애들을 키우다가, 그때는 제조업체에 다녔는데 그냥 한 16시간 이렇게 회사에 묶여 있어야 되는 거예요. 철야도 무조건 해야 내가 돈을 조금이라도 더 가져오니까. 그 애 셋 학교 다니는 게 진짜 그때는 진짜 진짜 힘든 그런 시절이 회사 다닐 때였어요. 그 회사에 10년을 다녔는데 철야도 끝이 없고 막 이런 거예요.

그런데 어느 순간 그 회사가 완전히 일거리가 없어졌어. 그 철야하고 일거리 많던 회사가 일거리가 없어져가지고 이제 다섯 시 반에 퇴근을 하게 되는 거예요. 그것도 낮에 일거리가 없어서 청소하고 막 이러는 거야. 하아, 이러면 안 되는데 나는 이러면 집이 이제 진짜 때거리도 안 되는데, 이디 가시 지녁 10시까지라도 어디 일할 데 없을까, 그래서 식당을 알아보니까 무조건 다섯 시 반에 출근을 해갖고 저녁 10시 반 퇴근하는데 설거지하는 거, 근데 내 회사 다니는 거 하고 시간이 안 맞는 거예요.

그래서 없을까 없을까, 난 그때만 해도 대리운전이란 게 있는 줄도 몰랐거든요, 그래 신문을 다 보는데 트리콜 대리운전이라고 있는 거예요. 이게 운전하는 일이고 나는 운전은 잘할 수 있으니까, 95년도부터 운전을 했습니다, 그러면 여기 전화를 한번 해보자, 전화해서 찾아간 곳이, 마산역 맞은편에 그 큰 사무실이 있었거든요,

그때가 창원에 트리콜 대리점 들어온 지 한 1년 정도 지났을 때예요, 제가 찾아가서 소개받은 그 점장님이 30대더라고요. 근데 빠릿빠릿하게 한 한 달 동안 서포트를 해주고 첫 고객 만나러 갈 때 따라와 주더라고요. 그분이 진짜 고마웠어요.”

초보 여성 대리기사의 애환

인사말을 듣노라면 거의 비슷하다는 인상을 받는다. 대부분이 힘겨운 생활을 하다가 대리기사란 걸 알게 되었다. 열심히 일자리를 알아보다가, 우연히 여성 대리기사를 만나서, 시작했다. 그 이전까지는 여성도 대리기사를 할 수 있다는 사실 자체를 몰랐다. 그 끔찍하던 과거에서 벗어날 수 있게 해준 일자리인 만큼 대부분이 대리운전이라는 직업에 고마움을 느끼고 있다. 돈 한 푼이 아쉽던 차에 당일로 바로 현찰이 손에 쥐어지니 얼마나 신통방통했을까.

“돈이 된다는 거죠. 오늘 당장 돈이 한 푼 없어도 집에 들어갈 때 주머니에 돈 채워서 들어갈 수 있거든요. 그러니까 내가 집에 당장 쌀이 떨어졌어. 그래도 일단 나가면 돈을 버니까, 내가 내 식구들을 거둬 먹일 수가 있다는 게 장점인 거죠.”

그러자 한 분이 슬쩍 끼어든다.

“단점은요, 대리기사에서 벗어나질 못 한다는 거죠.”

다들 웃으면서 이 말에 공감한다.

"나이도 있는데 내가 잘 할 수 있는 마지막 직장이다, 지금은 제일 편하고 쉽고 잘할 수 있는 일이죠. 이제 노하우가 있으니까요."

"시간이 자유롭고 필요하면 언제든 쉴 수 있으니까 행사가 있거나 우리 집안일이 있을 때 챙길 수 있고, 변명하지 않아도 되죠. 이게 정확하게 직업이나 직장은 아니지만, 어쨌든 내가 일을 쉽게 할 수 있게 해주니까요."

나이 든 여성으로서 좋아하는 운전을 하면서 상대적으로 자유롭게 돈을 벌 수 있다는 점이 만족도를 높여주는 것 같다. 얘기를 들으면서, 돈도 돈이지만 자립감을 느끼는 데 특히 자부심을 갖는 게 아닐까 싶었다. 적으나마 손님이 주는 팁 몇 푼도 고맙기만 하다.

"1만 원을 더 준다든지, 2천 원을 더 준다든지, 5천 원을 더 준다든지 그런 손님들이 너무 좋은 거예요. 그냥 조용히 운전만 잘해드려도 '수고하셨습니다' 하면서 돈을 5천 원 더 주는 그 손님이 너무 고마운 거예요. 천 원짜리를 줘도 나는 감사하고, 나는 진짜 그분들한테 90도로 인사합니다. 내가 어디 가서 그 돈을 받겠어요. 그 마음이 나는 좋은 거죠."

그렇다고 처음부터 이 일이 쉬웠던 것은 아니다. 다들 초반 어려움이 있었는데, 그 초보 기사로서의 애환도 비슷하다. 주로 스틱을 잘 다루지 못해서거나, 지리에 익숙하지 않은 점을 꼽는다. 그래선지 처음 고달팠던 시절이 유독 오래 남고, 기억나는 사람도 대개 이 어려움과 연관이 깊다.

"제가 면허는 스틱으로 땄지만 스틱을 잘 못했어요. 처음 대리 시작할 때 트리콜에다 전화를 했더니 스틱을 못 하면 안 된다 하더라고요. 그래서 '전유성의 오천콜'에 전화를 하니까 한번 해보시라고, 하다 보면 익숙해져서 할 수 있을 거라고 하더라고요. 그래서 시작했죠. 처음에는 스틱이면 바꿔준다 해서 했는데, 계속 그럴 수도 없더라고요. 처음으로 도전해본 손님이 경찰이었어요. 근데 그 손님이 직접 연수를 해주시는 거야. 그래서 제가 스틱을 하기 시작했거든요. 그 사람이 대리운전하면서 제일 기억에 남는 사람이었던 것 같아요."

지리를 몰라서 고생한 이야기는 가슴을 아프게 한다.

"지리를 모른다는 것 때문에 솔직히 스트레스를 너무 많이 받아가지고 처음에는 2시간, 3시간 잤어요. 왜냐면 처음 보는 사람이, 더군다나 남자분들이 어디 가자고 하면 내비 보고 가는데 내비가 이리 가기도 하고 저리 가기도 해요, 육거리 같은 데였는데, 내 차로 가는 게 아니다 보니 사람이 위축이 되잖아요. 그렇게 스트레스를 많이 받다 보니까 2시간 자고……."

결국 이 초보 기사는 낮 시간에 일 대신 지리 익히기에 나서게 된다.

"낮에 일을 하는 게 아니고 뭘 했냐면 어제 간 데를 다시 복기하는 거야. 내 차 갖고 다니면서. 어제 갔다 온 데를 한 번 더 가서 숙지를 하려고 하는데, 낮에 가니까 어제 그 길이 아니던데요."

'맞아, 맞아.', '이 동네가 이런 경치였나?' 하는 소리들이 여기저기서 들린다. 많이들 비슷한 경험이 있어 보인다.

"그렇게 그냥 계속해서 긴장하고 있으니까, 사람이 잠을 못 자. 한 3개월 정도 이렇게 살다가, 이러다가 진짜 죽겠다 싶어 트리콜 그만두고 나와 가지고, 다른 앱들 연합이라는 데 그거를 했지. 길거리에서 막 길도 모르고 이러니까 ……."

물론 도와주는 고마운 손님들도 있긴 했지만, 대체로 취한 손님이 많기도 해서 죽이 되든 밥이 되든 막 가야 했다. 결국 남자 선배들에게 도움을 받아 '길치 탈출 작전'에 성공한다. 그러기까지 걸린 시간이 2년여. 녹초가 될 수밖에 없었다.

"그러다가 우리 선배님한테 단톡방에 초대받아서 지도를 좀 받았거든요. 그래서 이제 좀 편안하게 하고 있긴 한데, 이 일을 한 2년 하고 실은 뻗었어요. 그냥 번아웃 상태가 된 거죠."

그걸로 고생 끝이라 생각했는데, 새로운 문제에 부딪힌다. 초보라면 누구나 겪는 문제인데, 과로로 인한 건강 문제에 걸린 것이다.

"이제 어느 정도 지리도 알고 하니까, 재미있으니까 또 계속 낮에부터 막 나오고, 그렇게 하다가 결국은 과로로 이제 좀 그렇게 된 것 같아요. 한 10개월 정도를 일을 못 하게 됐죠."

그렇게 몸을 추스르고 난 지금은 제법 슬기롭게 운전을 한다. 지난 초보 시절을 복기하면서 스트레스 안 받고 건강 챙기면서 탄다. 이 기사가 깨달은 것을 한마디로 줄이면 '자연스럽게 하자'다. 스트레스 받지 않을 정도로, 스스로를 북돋우면서 운전하는 것이다.

어설프게 사고를 덮어쓴 기억도 쓰라리게 오래 남는다.

"근데 뭔 소리가 났다고, 다 봤다고 하는 거야. 차가 고급찬데, 센서도 있고 카메라도 있었어, 후방 카메라도. 전혀 박은 게 없어, 아무런 느낌이 없었어. 근데 초창기에, 이제 대리 하고 한 달도 안 됐는데, 나더러 사기 치려고 한다고, 다 봤다고, 보험 처리하라고 막 윽박지르는데 얼마나 무서웠는지 몰라. 그래서 내가 박지도 않았는데 보험 처리해 줬다니까. 그런 일도 있었어."

억울한 사고 처리 경험은 남녀 불문하고 누구나 겪는 일이긴 하다. 경험이 있는 기사와 달리 초보들은 별다른 대책을 세우지 못해서 지나 놓고 후회하는 일이 많다. 여성 초보 기사라선지 몰라도 이 기사는 정도가 심하다.

"제가 사고를 세 번 정도 냈어요. 그래서 일을 못 하게 됐어요. 제네시스 그거 운전하다가 보도블록에 그냥 뭐 덜컹거리더라고. 뒷문이 걸렸다고 고객이 이튿날 회사로 전화하고, 회사에서 나한테 전화 왔는데 견적 180만 원 나왔다고 해요. 결국 100만 원을 더 주고 합의했어요. 사고란 게 우연히 나더라고요. 크게는 아니고 출발하기 직전에 전화기가 떨어져서 그거 줍다가 나고, 또 백미러 살짝 받혔는데 하필 좋은 차고. 인자는 마 익숙해 가지고 ……. 그래도 너무 재밌고 좋아요. 지금 너무너무 편하게 살고 만족하고 뭐 그렇게 삽니다."

여기까지 얘기하더니 말을 멈춘다. 이윽고 한마디 내뱉는데, 이런다.

"그런데 눈물이 막 나올라카네."

예외 없는 악몽, 성추행과 폭행

여성 대리기사들 얘기 들으면서 가장 놀란 것은, 누구 하나 예외 없이 성추행과 폭행을 겪는다는 사실이다.

"가끔 남자 손님들이 술 한 잔 더 하러 가자고 막 그러시면 나는 운전해야 된다 그러죠, 요즘 그래도 '미투' 이런 것 때문에 겁을 다 내시더라고요. 그래서 심한 건 많이 없는데 가끔 그러시는 분들이 있고, 그럴 때면 말 둘러댄다고 조금 난감할 때가 있고요."

"초반에 그때만 해도, 아직 좀 앳된 모습이 있어서 그렇지 13년 차 됐어요, 그래 조금 무릎에 손이 온다든가 허벅지에 손이 온다든가 이러면 가슴이 떨려 가지고 중간에 내려버리고 이런 시절도 있었는데, 지금은 내가 말로 이 사람을 뭐라 하고 달래고, 여유도 있습니다."

"남자분들 성추행은 많이 없어졌는데도 그래도 겁을 상실한 남자들이 있어요. 그런 거에는 이제 우리도 나이가 있고 하니까 어지간하면 좀 방어를 하기는 하는데, 만약에 사람들이 진짜 모르는 음산한 그런 데 들어갈 때는 심장이 덜덜덜 떨려요. 처음에는 모르고 콜을 받았다가 이제는 어느 정도 아니까 좀 그런 데는 안 가지만요."

이 정도는 으레 있는 일이려니 하면서 대충 버무려서 들려주는 얘기다. 이야기들이 점점 생생해진다.

"대리운전하면은 그때만 해도 남자분들이 짓궂은 분들이 많았잖아요. 그래서 이걸 해야 되나 하면서 울면서 다닌 적도 많았습니다. 저는 이런 경험이 있어요. 사상에서 다대포까지 가는 손님인데, 출발 후 10분 채 안 됐을 때, '기사 양반이 마음에 드는데 나하고 자면 안 되겠소?' 하는 겁니다. '대리기사한테 그런 얘기하면 안 되는 것 아시죠?' 하니까, 10만 원짜리 다섯 장을 주면서 '나하고 자러 갑시다' 해요. '경찰서로 가겠습니다' 하면서도 겁이 나더라고요. 집이 어디냐 묻길래 김해라 했더니 그러면 차 돌려서 김해로 가서 자면 50만 원 더 주겠다고 하더라고요. 그렇게 집요하게 들러붙는데 등골이 오싹했어요. 주차하고 내리려는데 코트를 확 잡아당기지 않겠어요? 단추가 다 떨어졌어요. 그때는 너무 무서워서 신고할 생각도 못 했죠."

"레파토리가 정해져 있어요. 항상 술집 여자 얘기로 시작해서 신랑 없냐는 둥 자꾸 그런 얘기를 유도하더만요. 도착하기 한 1분 전쯤에 그때부터 이제 막 자는 척을 해요. 도착해서 다 왔다고 깨우면 이제 안 일어나요. 그래서 제가 우리 점장님이나 부장님한테 연락을 해요. 손님이 안 일어나는 데 우짭니까, 물으면 대리비 받았냐 되물어요. 안 받았다니까 '그러면 112에 전화 걸면 바로 돈 준다' 하더라고요. 그러는데 그 손님이 갑자기 깨시더라고요. 그라더만 '야, 니 가슴 함 만져 보자', 이라는 거라. 그래 제가 바로 112에 신고했는데예. 그 고객은 이제 112 오니까 기억 안 난다 하고, 저는 이제 계속 똑같은 얘기하고. 그래서 경찰서 갔거든요."

그렇게 경찰서를 가서 DNA 검사도 하고 한바탕 난리가 났다. 문제는 너무 당황해서 제대로 녹음해 놓은 게 없다는 거다. 초보일수록 미숙해서 녹음하는 걸 잊어버리거나, 녹음을 한다고 하는데 손이 떨려서 제대로 하지를 못한다. 위 사례의 경우는 거짓말 탐지기를 동원해서 범행을 밝힐 수 있었다. 이 기사가 이렇게 열심히 범행을 밝히려고 한 것은 다른 여성 기사들이 똑같이 당할까 싶어서다.

"경찰서 가서 사실 나는 겁도 안 나더라고요. 겁 안 나는데, 그분 같은 경우는 모든 여자 대리기사가 오면 다 한 번씩 다 저렇게 할 것 같아요. 그래서 나는 안 놀랐지만 다른 분들은 아마 많이 놀랐을 거라고, 차례차례 순서대로 이제 매일 똑같은 방법으로 하는 것 같은 그런 느낌이 있잖아요.”

여자 기사를 요청해서 갔는데 남자 고객이 앉아 있는 경우도 있다. 여자 손님이었는데 왜 남자가 앉아 있냐고 물으면, 여자 기사가 운전을 잘해서 그랬다고 한단다. ‘택도 없는 소리 하지 마라’고 콜을 빼버린다는데 그 모습이 당당하다.

“맞아, 저번에 그냥 한 번 딱 그런 일이 있어 가지고, 그 남자가 여자 기사를 불러놓고, 여자 친구 보내는 척하고 자기가 불렀는데, 가다가 보니까 이게 변태인 거야. 그 뒤로부터는 또 겁이 나 가지고 왜 이렇게 불렀느냐 따져요.”

이야기들이 봇물 터지듯 쏟아진다. 갈수록 수위가 높아진다.

“저는 특히 담요 덮고 자는 사람이 제일 싫어요. 남자가 내 강제 성추행 그거 했을 때 담요를 덮었는데 포장 한 개를 안 입고 있는 거라, 바지를. (엄마야!) 하아, 가는데 막 귀 만지고 그러는 거야. 그때만 해도 40대 초반이니까 나이도 얼마 안 먹었지. 머리도 이래 묶었는데 귀 만지지, 내가 그것 때문에 머리를 커트를 쳤어, 그래가지고 가는데 손 만지고 귀 만지고 가다가 뭐 해주면 5만 원, 뭐 해주면 10만 원, 뭐 해주면 어쩌고……. 저거 집 앞에를 빙빙빙, 들어갈 입구를 다 아는데도 자꾸 돌리는 거라, 내를. 그래서 결국은 차를 딱 세웠는데 얘가 내 손을 지한테다 갖다 댄 거야. 그래서 제가 봉고차에서 떨어졌어요. 제가 허리도 안 좋은데 떨어지면서 제가 좀 많이 아팠어요. 그래 이게 겁이 나서 얼른 내가 문을 닫고 가버린 거야. 갔는데 이놈이 또 온 거야. (미쳤다!) 내가 넘어지니까.

그래 사무실에 전화를 하니까 녹음을 왜 안 했나 하는 거야. 내가 진정하고 그놈한테 물었지. '내가 뭐 어떻게 해줄까?' 하니까, 차 안에서 한 말 하나도 안 빼고 다 하는 거야. 어떻게 하면 5만 원, 어떻게 하면 10만 원. 이제 옆에 기사들이 경찰에 신고를 했어요. 그러니까 도망갔어, 도망갔는데 나를 또 찾아온 거야, 버스 타는 데로."

"대리 불러서 차에 갔는데 남자랑 여자랑 그거 하고 있는 거라. (많지!) 조금만 기다리라, 10분만 기다리라, 이러는 거야."

이 대목에서 너나없이 말을 거들어서 왁자지껄하다. 말을 알아먹지를 못할 정도다. 와중에 '우리 이래 고생이 많다'는 소리가 들린다. 이런 일이 부지기수인 것 같아 그게 놀랍다.

"'기사님, 우리 차에 룸미러 없습니다', 이래. 뒤돌아보지 말라는 거지."

이건 또 무슨 소리인가. 기사가 탔는데도 그 짓을 한다는 건가. 극한직업이 따로 없다.

성추행뿐이 아니다. 폭행을 당한 경험도 만만찮다. 초보 시절에는 손이 떨려서 녹음조차 제대로 못했다.

"우리는 손님하고 딱 둘이잖아요. 그것도 남자고 술이 많이 됐는데, 고속도로로 가고 있는 상황에서는 차를 세울 수도 없는데, 옆에서 계속 이쪽으로 가는 게 아니래. 양산에서 김해 가고 있는데 그 고속도로로 안 가면 어디 가냐고 하니까, 아니라면서 계속해서 그러면서 막 위협을 하는데요, 세울 수도 없어서 가는 동안 얼마나 신경이 쓰이던지. 진짜 패 죽일 수도 없고 진짜, 그렇다고 뭐라고 할 수도 없고, 고객이 욕을 계속하고 막 이러니까. 녹음을 하는데 손이 떨려갖고 안 되는 거예요. 고속도로를 딱 벗어나면서 동시에 경찰에 신고해서 결국 경찰이 왔죠.”

“나는 안경 잡아당기고 별일 다 겪었어요. 요새처럼 추울 때 손님이 많이 취했다 싶으면 마후라(머플러)를 풀어요. 왜냐하면 갑자기 마후라를 잡아당기거든요. 핸들을 세 번 꺾어서 고속도로에서 같이 죽을 뻔한 적도 있어요. 술 취한 남자하고 여자가 탔는데, 저거들끼리 싸워서 열받으니까, 남자가 화가 나니까 같이 죽자, 죽으면 저거끼리 죽지, 갑자기 핸들을 꺾어가지고 같이 죽자더라고요. 그래서 고속도로에서 경찰 불렀어요. ‘여기는 고속도로라서 내리지도 못하겠다’면서 경찰을 불렀어요. 핸들 꺾는 사람 내 두 번을 봤어요.”

이야기들이 끊이지 않는다. 인터뷰하면서 남성 기사들 폭행 얘기들을 꽤 들었는데 여성 기사들의 경험이 훨씬 더 심각해 보인다. 힘들었던 얘기 하면서도 ‘고객’, ‘손님’, ‘그분’을 유지하던 호칭이 ‘새끼’로 돌변한다.

“신평에 지하철 공사하는 데가 있어요. 거기 지나가는데 이 새끼가 뒤에서 잠자다가 갑자기 벌떡 일어나는 거예요. 대리를 부르기는 다른 사람이 불렀어요. 자다가 지하철 공사하는 소리 때문에 깬 거지. 그래 벌떡 일어나서는 왜 이렇게 난폭운전을 하냐, 이러는 거라. “고객님, 여기 공사한다고 그러는데 이제 다 지났어요.” 했지요. 그랬는데 “차 세워!” 하는 거라. 그때 열두 시가 넘었는데, 뒤에서 있지 볼때기를 확 잡아당기는 거라. 고개가 확 꺾였지. 뒤에 차가 왔으면 완전 교통사고 크게 났지. 그때 내가 대리한 지 얼마 안 돼서 덜덜덜 떨고. 그랬으면 경찰을 바로 불러야 되는데, 얼마나 놀랐는지 핸드백 가방에 돈이 한 20만 원 넘게 들었는데 그것까지 다

내버리고 내려 버린 거라. 전화기만 들고 달달 떨면서. 술 처먹고 이제 깨서 지가 운전해서 가는 거라. 내가 그런 걸 바보같이 신고를 안 했는기라. 이튿날 내가 핸드백 찾으러 갔다니까."

"한 번은 술 취한 여자가 남자랑 둘이 탔어. 차가 여자 차야. 경유지가 모텔인데 남자를 내려줬는데, 이 남자가 술 취한 여자를 끌어내리려는 거야. 그래서 내가 이제 손님 문 닫으시라고 출발해야 된다고, 그러면서 창문 내리는데 '너 왜 너 뭔데 저 여자 끌고 가려고 하냐'면서 창문 열고 내 귀싸대기를 때리는 거야. 내가 이런 일을 두 번 당했다니까, 손님한테 폭행을."

남자 손님만 폭력을 휘두르는 게 아니다. 여자 손님도 만만찮다.

"여자, 여자들 손님 많지, 폭행 하면. 남자 손님보다 훨씬."

"더 더러워요."

와그르르 웃음이 터지는데 다들 동의하는 분위기다.

"1차선에서 세우라고 그러는데 고속으로 달리는 자동차 전용 도로에서 차를 세우기 위험한 갓길 없는 데 있잖아요, 거기서 그러는 거예요. '안전한 데 가서 세울게요, 갓길이 없어 세우면 위험합니다.' 그러니까 그냥 제 자리에서 그냥 바지 내리고 볼 일을 보는 것 아니겠어요?"

"술 취한 여자가 아파트 주차장 빈 데가 안 보이는데도 계속 돌라 하더라고. 바깥에 태화강변에 주차 라인 그런 거 있잖아, 그러면 거기다 세워도 되잖아. '손님, 여기다 세울게요. 이러다가 밤새도록 돌겠습니다.' 그러니까 계속 돌라 카더라고.

그러더니 가방을, 이따만한 걸 들고 있다가 뒤통수를 치는 거야, 운전하는 사람을. 내가 '지금 뭐 하시는 거예요? 저 때렸어요?'

그랬더니 '그래 때렸다, 왜? 나도 맞았다. 내가 신고할게.' 이러면서 자기가 경찰을 부르는 거야. 내가 부른 거 아니야. 대리비도 안 주고. 나는 대리비만 주면 받고 갈라 그랬어. 경찰이 오니까 내가 지를 차에 가둬놓고 때렸다는 거야. 나 오십견 때문에 팔도 안 돌아가는데 내가 뒤로 팔을 휘둘러서 지를 때렸다는 거야. 내가 무슨 고무도 아니고.

근데 경찰도 말이 웃기는 거야. 둘이 쌍방 폭행이 된다는 거야, 같은 여자라서. 남자 같으면 기사가 당했다고 이해를 해줄 건데, 손님도 여자니까 둘이 쌍방 폭행이 된다는 거야. 둘이 알아서 잘 해결하라는 거야. 주변에 목격자가 있었기 망정이지 큰일 날 뻔했다니까."

다음날 그 여성이 전화를 해서 이런저런 변명을 하며 사과를 한다. 결국 봐달라는 소리다. 병원에서 혹이 있다는 말을 듣고 속이 상해서 술을 먹다 보니까 실수를 했다, 이혼 당하고 엄마 집에 얹혀 사는데 돈도 없고 하니 봐달라는 것이다. "참, 이런 일이 다 있다니까요."

"여자들 만취하면 대리 거부해야 됩니다."

"뒤에서 잠자는 사람이 보이면 거부해야 돼. 자는 사람 대신 다른 사람이 대리 부르는 것도 거부해야 돼요."

"여자 손님은 남자 기사한테는 항시 자기가 조금 여자인 척을 하는데, 여자 기사한테는 갑질을 신나게 하거든요. 그래서 여자 손님이 술이 많이 취해서 탈 때 횡설수설하면 나는 바로 승차 거부합니다. 절대 타면 안 됩니다."

가슴 아픈 경험담들인데도 분위기는 유쾌하다. 동병상련을 느

껴선지, 담아뒀던 말을 맘껏 쏟아내선지 후련한 모양이다. 이야기는 이런저런 대책으로 이어진다. 옛날처럼 무전기가 필요하다, 녹음이 최고다, 무조건 경찰서로 가자, 바디캠 사용법에 아이템의 필요성까지 왁자지껄 끝이 없다. 그나마 택시보다는 안전하다는 말을 위안 삼기도 한다. 아무래도 이 주제는 따로 심도 있는 토론이 필요해 보인다. 이렇게 한바탕 폭풍이 휘몰아쳤다.

건강이 최고!

베테랑 언니들 만난 김에 상담 비슷한 얘기도 오간다.

"근데 지역마다 좀 다른데, 언니 지역은 낮 콜도 뜨지만 우리는 낮 콜이 거의 없거든. 출근 시간, 그러니까 저 같은 경우에는 그냥 집에서 오후 6시에 기계를 켜요. 딱 6시에 기계를 켜요. 그러면 이제 7시에 받을 때도 있고 8시에 받을 때도 있고, 집에서 콜을 받고 나오거든요."

여기저기 '언니들'의 단호한 대답이 들린다.

"그렇게 해서는 낮 콜 못 타지!"

"절대 못 타, 절대!"

당황한 동생 왈,

"아, 아니요. 그게 아니고 잠깐만요 ……."

"알았는데, 오후 1시에 출근하는 사람은요, 낮 콜을 계속 받아요. 회사에서 주는 게 아니에요. OO법인 대리운전은 울산에서 행사가 있으면 나한테 직접 전화가 와요. 낮에 기사가 많이 없다는 걸 아니까. 내가 한 십오 킬로를 가요, 내 차를 가지고 가. 그렇게 찾아가면 그 사람이 개인 고객이 돼요. 나한테 전화하면 내가 책임진다, 그런 거죠.”

낮 시간에는 손님들이 2, 30분 정도는 기다려주기도 한다. 물론 낮 콜이 마냥 좋은 건 아니다. 차에서 쉰다고는 하지만 하루 14시간을 바깥에 있어야 한다. 결국 대리운전에서 가장 중요한 건 건강이다.

“그런데 저는 이런 생각을 참 많이 해요. 제가 회사에 출근한다는 마음으로 출근 시간, 퇴근 시간을 거의 정확히 지키는 편이거든요. 대리운전은 사람이 욕심을 내면 밤을 새우고 다음 날까지 타게돼서 체력관리를 잘못하면 한꺼번에 무너져버려요. 퇴근 시간에 오만 원, 십만 원짜리 콜이 뜬다고 미친 듯이 타니까 다음날 열한 시가 돼버리잖아요. 그건 효율적인 노동 방법이 아니잖아요. 제가 한 20년을 넘게 열심히 하면서 제일 중요한 게 시간 배정이라고 생각했어. 중요한 거는 자기가 욕심을 버릴 줄 알아야 된다는 겁니다.”

“그걸, 절제를 잘해야, 체력관리를 잘해야 오랫동안 일할 수 있어요. 지치지 않고. 진짜 한꺼번에 한 3년 하면 그냥 완전히 무너져서 손을 떼게 되거든요. 체력 안배를 특히 잘해야 돼, 이 일은. 여기 왜 눈앞에 콜이 떴는데 집에 간다고 가다가 10만 원짜리 콜이 들오면 찍게 되거든요.”

“맞아요. 그걸 버릴 줄 알아야 돼요. 집 앞에 주차하는 데 8만 원짜리 콜이 뜨더라도 그냥 꺼버리고 들어가는 사람이 잘하는 거예요.”

“대리기사들 보니까 체력이 무너질 때, 아까 말씀하셨지만, 한꺼번에 확 무너집니다. 체력 안배 말씀 참 잘하셨어요. 정말로 중요하니까. 길을 가다가 갑자기 쓰러지고, 체력관리가 안 되는 거 맞아요.”

이번에는 베테랑 언니야들의 체력 안배, 건강 이야기가 끝없이 이어진다. 몸이 유일한 자산인 대리기사에게는 무엇보다 중요한 충고가 아닐 수 없다.

공공 화장실 이야기도 중요하다. 공공기관에서 무료로 개방하던 화장실들이 차츰 없어지고 있다. 여성 기사들이 이용할 수 있는 개방 화장실 지도를 '카부기공제회'에서 장만하기로 하고, 눈물과 웃음 범벅이던 난장을 마무리했다. '벌써 시간이 이렇게?', '다음에 또 합시다', 또다시 '이런 이야기는 책으로 내야 돼' 등 아쉬움이 가득 남았다.

제6장

오지에서 탈출하기

• • • • •

함께 하는 오지 탈출

'카부기밴드'에 들어가 보면 종종 '무료합류및탈출' 공지를 볼 수 있다. 새벽에 유료합류차와 대중교통 모두 없는 곳('오지')에 외따로 떨어진 대리기사들은, 행선지가 맞으면, 공지 올린 기사에게 연락해서 도움을 받을 수 있다. 오지에 떨어진 기사가 도움 요청하는 글을 올리기도 한다. 그러면 삽시간에 도움 되는 댓글이 주르륵 달리는 장면을 볼 수 있다. 그렇게 도움을 받은 기사들이 감사 인사를 올리고, 본인이 '무료 합차'에 동참하는 식으로 도움 주고받기는 확산된다.

오지에 떨어진 기사를 실어 나르는 일을 '픽업'이라 한다. 인터뷰로 소개한 철곤 씨나 남성 씨처럼 오래된 기사들은 그만큼 픽업

'카부기밴드'에 올라온 '무료합류' 공지

송정 사는 '달콤한사랑'은 로지, 콜마너, 카카오, 트리콜, 티맵에 가입해 있다.

'탈출' 도움을 받고 올린 인사글

의 역사도 길다. 남성 씨는 대중교통이 떨어질 때쯤 일을 끝내고 양산이나 김해 등지에 낙오된 '동생'들을 픽업해왔다. 철곤 씨가 픽업을 시작한 것은 노동조합 활동을 하면서부터다. 도무지 사람을 만날 수가 없길래 일단 대면을 할 수 있는 픽업을 시작했다. 차 안에서 이런저런 얘기를 할 수 있었다. 그렇게 시작한 것이 지금은 거의 일상이 되다시피 됐다. 그 덕을 본 우리 쉼터 식구들도 몇 있고, 나도 한번 '구조'돼 봤다.

철곤 씨의 '픽업사'에는 유독 장거리가 많다. 통영, 진주, 대구, 가장 멀리는 여수까지.

"여수까지요?"

"밴드 회원 중에 애 셋 아빠가 있었는데, 네 살짜리 막내가 소아암에 걸렸어요. 밴드에서 모금도 했죠. 공휴일에 그 아이와 놀이동산에 가기로 약속을 했는데, 창원에서 여수까지 가는 바람에 약속을 못 지키게 됐다는 글이 밴드에 올라왔어요. 그 글 보고 밤 11시에 부산에서 출발했죠. 다음날 아이와 약속을 지킬 수 있게 됐어요."

철곤 씨는 11시에서 12시 사이에 기상한다. 낮 콜은 타지 않는다. 공제회 일로 바빠서다. 저녁 6시나 7시부터 대리운전을 시작해서 막차 떨어지는 12시 40분까지 한다. 심야 콜도 타지 않는다. 그 뒤부터는 밴드에 올라오는 '낙오자'들을 픽업(문득 '줍줍'이라는 표현이 떠올랐다)하러 다닌다. 그는 하루 4시간에서 6시간 잔다.

소아암 걸린 동료 기사의 아이를 위해 모금을 했다 했는데, 대리기사들의 모금 방법은 색다르다. '동행콜' 같은 이름을 붙이고, 그날 하루 번 수익금을 내거나 그렇지 못하더라도 일정액을 기부하는 방식이다. 노동조합에서는 벌이를 하기 힘든 간부들을 지원하는 콜을 타기도 하는데, 거기에는 대개 '투쟁콜'이라는 이름표가 붙는다.

그런 식으로 하던 중에 일회적인 모금으로는 한계가 뚜렷하다는 인식이 생겼고, 지속적이면서 장기적인 상부상조의 필요에 공감한 기사들이 앞장서서 공제회가 시작되었다. 이처럼 '카부기상호공제회'에는 픽업이나 동행콜처럼 '기사 사정 기사가 챙긴다'는 꽤 오래된 정신과 실천이 바탕에 깔려 있다. 실제로 이런 실천에 감동하여 공제회원이 된 기사들이 많기도 하다.

'오지 탈출'의 시도와 좌절

빠져나오기 힘든 지역이라는 뜻인 '오지'는 묘하게 대리기사들이 처한 현실을 보여주는 것 같다. 젖어들든 빠져들든 간에 대리기사들은 이 일에서 쉽게 헤어나오지 못한다. 전업 기사 대부분이 잠시 위태로운 상황만 모면하자며 이 일을 시작하지만, 정작 빠져나오는 경우는 흔치 않다. 많은 기사들이 말하듯이, 하루 벌어 하루 먹고사는 형편에서 매일 현찰을 만질 수 있는 일을 그만 두기란 말처럼 쉽지 않다. '막장 직업'이라는 말처럼 이 일이 '마지막 직업'이라고 생각하는 기사들이 많기도 하다. 이전 사회생활하면서 익힌 기술을 써먹지 못하게 된 지 이미 오래인 처지에서 다른 일을 찾기가 쉽지도 않다.

'탈출'은 여기서 벗어나는 것이 아니라, 이 일을 할 만한 일자리로 바꾸는 것일 터다. 부산지역 대리기사들도 부단히 그 시도를 해왔다. 처음 시작은 노동조합을 만드는 것이었다. 부산지부는 한때 전국대리노조의 선봉대를 자임했다. 노조원이 180명에 이르렀고, 두 차례 파업을 하기도 했다. 바로 그 파업이 부산지역 대리운전 노동운동을 무너뜨렸다. 현재 남아있는 부산지부 노조원은 16명 정도로 추정된다. 간부로 활동했던 대리기사들은 노조운동의 실패 원인을 다각도로 진단한다.

먼저 부산지역 대리기사들의 정치적 성향이 대체로 보수적입니다. '빨갱이'라는 식으로 민주노총을 매도하는데 이런 게 알게 모르게 먹히는 거죠. 딱히 노조가 싫은 건 아니지만, 이런저런 시비가 생기는 판에 끼어들고 싶지 않게 됩니다. 총파업 두 번 하고 코로나 오면서 노조는 거의 와해 상탭니다. 이렇게 뿌리가 얕다보니 투쟁 후에 정리가 제대로 안 된 거죠. 파업 주동자들은 로지나 트리콜에서 해고됐습니다. 본보기로 콜을 차단하는 거죠. 저도 해고되고 너무 힘들어서 양산으로 이사를 했어요. 공정위 제소도 불가능합니다. 기본적인 '대리운전법'조차 없는 상태 아닙니까. 이 해고를 대다수 기사들이 두려워합니다. 이게 마지막 직업이라고 생각하거든요. 이 불안감을 극복하지 못합니다. 노조가 극복 의지를 심어주지 못한 것이기도 하지요.

노조, 그러면 귀족노조 같은 걸 먼저 떠올리더라고요. 대리노조에 대한 인식은 비슷해요. 노조라고 하는 게 뭐 필요해, 그런 애

기가 대부분이죠. 저희들은 생계형노조거든요. 자기 돈 쓰고 시
간 들여가면서 뭔가 해보려고 애쓰는데 그런 인식 문제가 아직
많이 남아있죠.

노조를 반대하는 업체관계자도 있을 거고, 뭔가를 하려면 나쁜
쪽으로 몰아서 군중심리를 일으키는 거죠. 서로 분란을 일으키
게 만들어요. 그러면 돕겠다던 사람도 '지들끼리 의기투합도 못
하는데 내가 뭐라고', 이렇게 되는 거죠. 포기하게 만드는 거죠.
그게 업체에서 쓰는 고급전략 같아요.

한 전직 간부의 말처럼 간부들 거의가 해고되었다. 지부장은
건강이 악화되어 대리판을 떠날 수밖에 없었다. 평소에도 간부들은
대리 일을 제대로 못해서 생활고에 시달리기 일쑤였다. '투쟁콜'로
지원을 받는다지만, 그런 지속적인 불안정 상태는 노조활동을 하는
데 절대적으로 불리한 조건이다. 큰 돈 드는 병이라도 걸리면 끝장
이다. 그런 상태에서 피업은 그야밀로 '벼랑 끝 전술'이었고, 실제로
벼랑 끝까지 내몰렸다. 동석 씨의 경험은 처절하다.

  "'트리콜' 소속으로 대리판 바꿔보자며 노조 활동을 시작했습
니다. 부산지부 부지부장을 지냈죠. 5년 전에 영구 제명됐습니다.
당장 수입이 전무해졌죠. '콜마너'와 '로지'에 신청했는데, 로지는
블랙리스트에 올랐는지 가입이 안 돼서 콜마너만 탔어요. 콜마너가
부산지역에서 10% 정도밖에 안 돼요. 당연히 수입이 안 되죠. 첫
한두 달은 매출이 100이 안 되더라고요. 사채를 쓰기 시작했습니다.
100에서 시작했는데 금세 300으로, 6, 7개월 지나니까 600이 되더

니, 순식간에 1,700까지 불어나더군요. 그 상태로 노조활동을 계속했죠. 한 콜 타면서 매일 만 원씩이라도 입금했습니다. 그런 생활을 1년 정도 하니까 도저히 버티지를 못 하겠는 거예요. 잠을 거의 못 잤습니다. 이러다가 죽겠다는 생각이 들더군요. 결국 모든 관계를 끊고 도망쳤습니다. 아무 말 없이 6개월 간 잠수를 탔어요. '투잡' 찾고 죽을 둥 살 둥 일만 했습니다. 사채 다 갚은 지 이제 3개월밖에 안 됩니다. 매일 같이 갚았어요. 많을 때는 하루 16만 원까지 갚았죠."

대리기사 스스로에게 문제가 있다는 지적도 있다.

노조하면서 갈등이 극단으로 치닫는 것을 느꼈습니다. 대리판 구조를 보는 시각이 너무 달라요. 문제는 다 압니다. 모두가 업체 욕하고 울분을 토하죠. 그런데 어떻게 대처할 것인가에서 나뉩니다. 당장 해결할 수 있는 문제도 해결이 안 돼요. 합차 문제 같은 게 그래요. 합차가 시간 펑크 내는 일이 자주 있거든요. 합차를 기다리는 기사 숫자가 늘면 합차 소장은 한 명이라도 더 태워야 하는데 그냥 가버리기 일쑤예요. 그러면 항의를 해야 할 것 아닙니까. '서서 가더라도 좋으니 다 태워라', 이렇게 할 수 있잖아요. 아무도 말을 안 해요. 오히려 항의하는 사람한테 '조용히 갑시다', '뭐 하러 시끄럽게 하느냐?' 이럽니다. 타고 가다가 콜 받은 데 세워달라 해도 그냥 갑니다. 그런데도 아무도 뭐라 하지 않아요. 당장 자기 문제일 수도 있는데 말이죠. 항의하면 대리기사들이 시끄럽다고 난리를 칩니다. 현장에서 해결할 수 있는 문젠데도 그래요.

동료 기사를 동료로 대하지를 않습니다. 무슨 적이나 만난 것처럼 대하기도 해요. '칼치기'라고 들어보셨어요? 가로채기예요. 깜빡이 켠 차에 다가가서 대리 불렀냐 물어서 가로채 가는 거죠. 택시 타고 갔는데 사라져버리는 겁니다. 도둑질이나 마찬가지죠. 그게 퇴근 콜일 수도, 복귀 콜일 수도 있는데 말입니다. 이런 일이 빈번하게 발생합니다. 그걸 회사에 항의하다가 잘리는 기사도 있습니다.

이 실망감에 대해 대리기사를 이해하는 이야기도 나온다. 아마도 그것이 주어진 조건, 곧 출발선일 것이다.

"제가 내린 결론은, 우리 대리기사들은 벼랑 끝에 내몰린 사람들이다, 다 실패해서 이 일을 시작했고 그마저 놓치면 벼랑으로 떨어진다는 절박함이 있고, 그 때문에 하루하루 살아가기도 버거운 사람들인데 제도를 바꾸고 뭉치고 연대하고 이런 생각을 할 여유조차 없다는 거죠. 순종해야 하루 사는 거라도 유지가 되는데 반기를 들고 그러면 당장 굶어 죽을지도 모른다는 절박감 같은 게 많이 작용하는 겁니다. 이런 게 조직화에 걸림돌이 된다고 봅니다."

노조, 누군가는 해야 할 일

부산지부가 거의 붕괴하다시피 한 것과 달리 경남지역의 노조

운동은 진행형이다. '부울경'은 단지 부산·울산·경남을 통칭하는 말만이 아니다. 대리기사들은 이 세 지역을 일상적으로 넘나든다. 당연히 노동조합도 서로 영향을 주고받는다. 부산지역이 무너졌으니 경남지역 노조 활동도 타격을 받을 수밖에 없다. 그 와중에도 대리노조 경남지부는 이전보다 왕성하게 활동 중이다. 김해지회장을 맡고 있는 삼철 씨(51)는 힘들다면서도 희망의 끈을 놓지 않았다.

11년째 대리운전 중인 삼철 씨는 부인과 딸 둘의 가장이다. 노조 가입한 지 6년째다. 어떻게 노조 활동을 하게 됐느냐 물었다.

"처음엔 노조가 있는지도 몰랐어요. 대리운전을 하면서 문제가 심각하다는 것을 느꼈어요. 그런데도 말 한마디 하는 기사가 없어요. 한마디만 삐끗해도 콜이 잠겨버리거든요. 콜 센터 여직원한테 따지기라도 하면 각서 써야 합니다. '말조심하고 아가씨들한테 꼬박꼬박 순종하겠다'는 식으로 말이죠. 그러다가 우연히 노조가 있다는 것을 알게 됐죠. 할 사람이 없으면 나라도 해야겠다, 생각했죠. 제 발로 창원에 있는 노조 사무실을 찾아갔어요. 거기 서너 명이 있다더라고요."

막상 노조 활동을 하려니 걸리는 게 많았다. 노조 일을 하려는 사람이 드물기 때문에 일단 시작하면 발 빼기가 무척 어렵다. 당연히 수입이 줄어들 것이다. 지금도 월 4일 정도는 일을 못 한다. 일만 터지면 시위하러 세종청사로 올라가야 한다. 무엇보다 해고될지 모른다는 불안감이 컸다. 가족들도 '왜 돈도 안 되는 걸, 자기 돈 써가면서 하려고 하느냐. 남들처럼 편하게 운전만 했으면 좋겠다'고 했다. 어떻게 문제를 풀었는지 궁금했다.

"가족들의 지원과 지지가 정말로 중요합니다. 경제적으로도 정신적으로도 힘든 일이거든요. '대리기사가 마지막 직장이라서 누구도 나서지 못한다. 나는 집이 김해니까 잘리면 부산에 가서라도 할 수 있다. 누군가는 반드시 해야 할 일이다. 봐 달라.' 이렇게 얘기했어요. 고맙게도 이해를 해주더군요."

아니나 다를까, 노조 일은 힘들었다. 초창기에 7명으로 시작했는데, 이 일곱 전원이 배차 제한을 당했다. 4년 동안 경남지역 콜을 타지도 못했다. 3년 동안 부산으로 출퇴근했다. 4년 만에 배차 제한이 해제됐다. 7명이던 조합원이 지금은 150여 명에 이른다. 그동안 노조 필증을 받고, 카카오모빌리티와 단체교섭을 하고, 고용보험, 산재보험, 보험 단일화 등에서 성과를 올렸다. 이 대목에서 자부심이 가득해 보인다.

"노조 활동으로 기사들 삶이 나아지고 있다고 생각합니다. 대리운전이 어엿한 직업군으로서 정부 인정을 받아 세금 내면서 노동 생활할 수 있는 상태까지 가야 합니다. 아직 갈 길이 멀죠. 경남 대리기사가 2,000명쯤 되는데 노조원은 5%도 안 됩니다."

생활은? 낭연히 어렵다. 지부장과 사무국장은 월 6일 정도 일을 하지 못 한다. 세종이나 서울로 원정 가는 일도 잦다. 상급 단체의 인정을 받기 위해서라도 품앗이를 해야 한다. 조합원들이 '투쟁 콜'을 타서 월 6, 70만 원가량 생활비를 지원한다.

경남지부도 코로나를 거치면서 사정이 나빠졌다. 자주 만나야 힘도 얻을 텐데, 시간제한에 걸리면서 새벽에 열리던 모임 장소 구하기도 어렵다. 주 1회 모임, 회식 등 모임이 많다가 코로나 2, 3년은 모임이든 집회든 완전히 없어졌다. 고용보험 등에서 성과를 내도 그런 사실을 아는지 모르는지 반응이 미적지근하다. 다소 맥이 풀리는 것 같다가 문득 눈을 반짝인다.

"최근 들어 조합원이 서서히 늘어나고 있습니다. 특별한 조직사업을 하지 않는데 말이죠. 고용보험이 이뤄지면서 수입이 늘어났기 때문 아닐까 싶습니다. '투쟁콜' 타고 나서 모이는 지회 모임에 10명에서 15명이 꾸준히 참석합니다. 지금은 분회 모임 활성화를 준비 중입니다. 일단은 모여야 뭐라도 얘기할 수 있으니까요."

카카오와의 단체교섭이 지역에 어떤 영향을 미치는지 물었다. 인터뷰한 대리기사들에게 이 문제를 물었을 때 의견이 엇갈렸다. 지역은 전통적인 업체가 강력해서 별 효과가 없을 것이라는 의견도 있었다. 삼철 씨 생각은 확고하다.

"물론 전국단위 교섭 효과는 카카오에만 미치지만, 작은 업체들에 파급효과가 클 겁니다. 로지가 티맵으로 시장을 넘기게 된 것도 그 효과라고 봅니다. 노조의 요구가 많아지니까 귀찮아서라도 넘기게 되는 거죠. 카카오라는 큰 공룡을 잡고 있어야 지방업체들도 잡을 수 있지 않을까요?"

삼철 씨의 미래는 낙관적이다. 끈질기게 쌓은 경험의 힘이다.

"고용보험, 산재보험, 이거 하나 만들려고 세종에 2년 간 열댓 번은 올라갔을 겁니다. 재난지원금도 국무위원들 직접 만나면서 퀵서비스, 가사노동, 일일선생님, 캐디, 버스, 택시까지 따내는 성과를 올렸습니다."

'카부기공제회'가 달린다

경남지역과 달리 부산은 간부들부터 뿔뿔이 흩어진 상태에서 다시 시작해야 했다. 파업 후유증은 너무나 컸고 갈등은 극심했다. 지금도 밴드가 '카부기'와 '쉼터'로 나뉘어 있다. 각각 5,600여 명, 2,400명 회원이 가입해 있다. 숫자로 보면 막강하지만, 밴드에 글 올리거나 읽는 숫자는 10% 정도에 불과하다. 대부분 합류차 정보 취합용으로 활용하는 정도다. 노동조합은 비대위 형식으로 간신히 명맥을 유지하다가 흐지부지됐고 지금은 흔적을 보기도 힘들다.

공제회로 눈을 돌린 것은 정말 단순한 이유에서였다. 노동조합이 무너졌어도 일단은 살아야겠는데, 갑자기 병에 걸리기라도 하면 살지를 못하는 지경에 처하는 것을 지켜볼 수만은 없었기 때문이다. 2021년 가을에 부산지역 대리기사 대상으로 조사한 것을 보면, 노조에는 의구심을 품더라도 공제회의 필요성만큼은 대다수가 동의한다. 당시 열린 간담회에 잠석한 한 대리기사의 발언이 그 절박감을 잘 보여준다.

공제회는 무슨 일이 있어도 있어야 합니다. 설사 노동조합 일을 못하더라도 요거는 있어야 합니다. 사람 생명이 왔다갔다 하고 있는데, 무조건 있어야 합니다.

참석자 대다수가 '노조보다 더 시급하고 절실한 게 공제회'라는 데 동의했다. 노조는 몰라도 공제회는 할 수 있다는 자신감도 어느 정도 있었다. 아이가 소아암에 걸린 밴드 회원을 후원하는 '동행콜' 모금을 했는데 순식간에 250만 원이 모인 것이다. 패배감이 컸던 만큼 이 성과는 모금 참가자들에게 큰 희열감을 안겨주었다. 희망이 보인다는 말이 절로 나왔다. 이후 10여 차례 모금을 했고 총 3,500만 원이 모였다. 그걸로 다급한 밴드 회원들을 지원할 수 있었다. 과정에서 안정적인 시스템이 필요하다는 것을 자각하게 되었다. 그렇게 '카부기상호공제회'가 출발하게 된다.

이름에서 알 수 있듯이, 공제회의 토양은 '카부기밴드'다. 이 밴드를 플랫폼으로 삼아야 한다는 강렬한 문제의식이, 노조가 와해되고, 생겨났다. 플랫폼 노동자인 대리기사가 착취 도구 아닌 제대로 된 플랫폼의 필요성을 깨닫는 것이 흥미롭다.

네트워크, 플랫폼, 이런 게 중요합니다. 저는 카부기 밴드와 노조는 별개라고 봅니다. 밴드가 백그라운드고 지원군인 건 맞지만 노조 아닌 분도 있고, 노조를 터부시하는 분들도 어쨌거나 우리 회원이거든요. 안에서 편 가르기 하는 건 옳지 않고요. 우리한테는 굉장히 막강한 힘입니다. 사실 노조가 이것만큼 결속력을 낼 수 있겠습니까?

공제회 결성 과정은 놀라움의 연속이었다. 2021년 11월 말에 11명이 준비모임을 가졌다. 12월 15일부터 카부기밴드를 통해 회원모집을 시작했다. 그로부터 보름 후 회원 90명이 되었다. 2022년 1월 1일 가출범을 했고, 7월 1일 정식으로 출범했다. 2022년 목표가 회원 250명이었다. 불가능하다고 여긴 사람도 많았지만, 해가

끝날 즈음 270명을 넘겼다.

아래 표는 2022년 12월 23일 현재까지 파악된 공제회 회원 연령별 현황이다. 이중 여성은 18명으로 약 14%를 차지한다.

카부기상호공제회 회원 연령별 현황(2022년 12월 23일 현재)

	20대	30대	40대	50대	60대	70대	합계
인원	1명	11	55	125	61	2	255
비율	0.4%	4	22	49	24	0.8	100

카부기상호공제회 제공

최종 교정을 보는 2023년 1월 초까지 공제회가 지급한 보상은

모두가 어려운 상황임에도 많은 회원들이 운영 경비 마련을 위한 일명 '동행콜'에 참여했습니다. 8월 28일 진행된 '동행콜' 모금에는 후원한 분들까지 합쳐 모두 48명이 참여했고, 392만 원이 모금됐습니다.

부산, 경남, 울산, 거제에서까지 동료애를 실천하려 어려운 걸음을 하며 모인 모습은 개인주의가 팽배한 현재의 '대리판'에서는 쉽게 찾아볼 수 없었던 모습입니다. 아름다운 동료애를 보여준 모든 분들 덕분에 카부기상호공제회는 오래 기억될 추억을 만들었습니다. 고맙습니다.

카부기상호공제회 운영위원회는 회원들이 낸 공제회비에서 운영 경비를 지출하지 않고, 하루 날을 정해 그날의 대리운전 수입을 모금하여 경비를 마련하기로 결정했습니다. 공제회비는 오로지 가입 회원의 병원비 등에 지출할 계획입니다.

'카부기공제회'는 운영 경비를 '동행콜1'을 통해 따로 모금한다

2023년부터는 가족상을 당한 회원에게 '동행콜2' 수익금에서 부의금 10만 원을 전달한다. 금전 문제를 투명하게 처리하는 것은 공제회가 가장 중요하게 여기는 과제다.

총 25건이다. 보상은 크게 치료·입원비, 사고면책금 50%로 나눌 수 있다. 월 1만 원 회비를 내면 최대 1백만 원까지 보상받을 수 있다. 여기에 월 3천 원을 추가로 내면 사고면책금 30만 원의 절반인 15만 원을 보상한다. 2022년 1월 26일 수술입원비 92만 원 지출로 시작한 입원치료비 보상은 총 20건, 사고면책금 지원은 5건이다.

카부기공제회는 운영 경비를 따로 마련한다. 분기별로 '동행콜1'(또 다른 '동행콜'이 있어서 각각 1과 2로 구분한다) 모금을 한다. 공제회비에서 운영비를 떼어서 쓰는 일은 극구 피하겠다는 공제회 운영진의 의지는 확고하다. 그 외에도 공제회는 '동행콜' 명의로 전화번호를 개설하고 지역업체와 제휴를 맺었다. 콜 수수료 일부를 공제회가 받는 협약인데, 여기서 확보한 수익은 회원들의 경조사비로 쓸 계획이다. 개설한 지 2달이 지난 지금까지 50만 원 정도가 들어왔다.

또하나 눈에 띄는 것은 '만원의 사랑'이라는 통장이다. 회원들이 월 1만 원을 입금하면, 긴급하게 지원이 필요한 회원에게 지급하는 일종의 '긴급구제금'이다. 2022년 크리스마스 이브날, 취지에 동의하는 회원 33명만 모집해서 운영하겠다고 공지했는데, 당일로 '완판'되고 '왜 나는 빼느냐'는 항의가 들어와서 1월초 현재 43명까지 가입한 상태

'동행콜2' 명함
이 번호로 대리를 신청하면 수수료 일부가 공제회로 들어간다. 수익금은 공제회원의 경조사비로 쓰인다.

다. 1년 치를 선납한 사람도 여섯이다. 보름만에 131만 원이 입금됐다. 왜 하필 33명이냐고 묻자, 3.1운동 때 독립선언문에 서명한 민족대표를 떠올렸다고 한다. 숫자를 맞추려고 끌어댄 건지 그만큼 비장한 건지 묻지는 않았다.

공제회라면 당연히 회원들을 지원하는 것이 첫째가는 목표일 것이다. 공제회를 만드는 데 앞장선 기사들에게는 못지않게 중요한 목표

33명에 끼지 못한 회원이 '하로동선'(밴드장, 공제회 사무국장)에게 보낸 문자.

가 하나 더 있다. 대리기사들이 공제회를 통해서 더 깊고 넓은 인간관계를 맺도록 하고 싶다는 것이다. '사고 보상이 70%, 관계 형성이 30%'다. '카부기밴드' 장('하로동선')이자 공제회 사무국장을 맡아 맹렬히 활동 중인 철곤 씨 말을 들어보자.

"대리기사들은 일의 성격상 개인주의화되고 폐쇄적이기 쉽습니다. 대인관계를 맺을 수가 없는 조건이죠. 그러다보니 자신을 드러내는 것도 꺼리게 됩니다. 막다른 골목에서 찾은 게 대리운전이다 보니 술도 혼자 마시고 교류도 전혀 없습니다. 공제회를 만든 데는 '최소한 아플 때 치료받고 밥은 먹자'는 것도 있지만, 관계 형성을 해야겠다는 목표도 컸습니다. 공제회 하면서 전화를 정말 많이 받는데, 자기도 이제 바깥으로 나와야겠다는 말을 자주 듣습니다."

공제회 사업 중에는 '대리기사 직무교육'이라는 게 있다. 지금까지 총 4회 진행되었다. 신입 대리기사들에게 각종 정보와 노하우

제4기 직무교육

대리기사들의 모임은 일이 마무리될 즈음인 새벽에 열린다. 강사는 변동승('달콤한사랑') 씨.

를 전수한다. 공제회에서는 강사와 멘토단을 구성하여 신입들에게 실질적인 도움을 주고자 한다. 무엇보다 신입 대리기사가 혼자 외롭게 일하지 않도록 하는 데 신경을 많이 쓴다. 멘토단과 신입 기사들은 따로 연락망을 만들고 자주 연락하고 만나서 소식을 주고받는다.

2023년 공제회의 목표는 회원 500명 확보 외에도 보상금 50% 인상(최대 150만 원), 상근활동가 확보와 사무실 개소, 법인 또는 사회적협동조합으로 전환, 여성회원 50명 가입과 여성자조모임('여성만세') 활성화, 자체 소액대출 실시 등이다. 회원들은 이 목표를 충분히 달성할 것이라 믿는다. 운영위원인 영민 씨는 내심 1천 명을 내다본다.

"이 추세대로라면 얼마든지 천 명 가능합니다. 회원 1천 명이 된다면, 그 힘은 누구도 무시하지 못할 겁니다."

2023년 1월 9일 새벽 1시에 열린 카부기상호공제회 신년회에

는 당초 30명 예상을 훌쩍 넘긴 51명이 참석하여 힘차게 새해 시동
을 걸었다.

대리판의 젊은 미래

연말연시를 맞아 카부기밴드와 공제회는 살짝 들떴다. 초대 공
제회장으로 '젊은' 변동승 씨가 선출된 것이다. 제1장에서 인터뷰한
바로 그 동승 씨다. 젊다지만 이미 사십대 중반의 가장이다. 사실은
등 떠밀려서 추대된 감이 없지 않다. 노조든 공제회든 제 시간과 제
돈을 써 가면서 일을 해야 하기에, 누구한테 맡으라 권하기가 여간
어려운 게 아니다.

대리한 지 3년 정도밖에 되지 않은 동승 씨가 이런 중책을 떠
맡게 된 것은 누구보다 열심히 활동한 탓이다. 그는 밴느에서 '달콤
한사랑'이라는 닉네임을 쓴다. 그는 '공동리더'('공리')로 밴드를 공
동 운영한다. 2기 수강생이었던 그가 4기 직무교육부터는 강사로 활
동 중이다. 하루도 빠지지 않고 일 끝난 새벽에 '무료 합류 및 탈출'
을 돕고 있다. 고독사가 우려되는 기사들을 사무국장과 함께 열심
히 가정방문한다. 5, 60대 '아재' 기사들 눈에 띄지 않을 수가 없다.

1장 【인터뷰】에서 말했듯이 동승 씨는 너무나 외롭고 쓸쓸한
대리판에 큰 실망을 했더랬다. 어떻게든 여기를 빠져나가야겠다고
다짐을 하기도 했다. 카부기밴드에도 실망하기는 마찬가지였다. 쓸

데없는 분란이나 일으키는 글들을 보고 한동안 들어가지도 않았다. 그러던 중에 카부기공제회를 만났다.

어느 날 밴드에 들어가, 사고가 나서 일을 못하는 동료 기사를 위해 동행콜이라는 모금행사를 하는 것을 봤다. 비난과 비방을 일삼는 사람들만 모인 줄 알았던 선입견이 깨지는 순간이었다. 사고가 난 동료를 위해 하루 일한 걸 기부하고, 일하고 나서 자차로 무료 합류를 하고, 외곽지에 떨어진 동료들의 탈출에 도움 주고, 초보 대리기사들을 위해 정보를 주고, 더운 여름날 동료를 위해 생수를 나눠주는 모습에 감동받았다. 그래서 이런 일을 벌이는 밴드장을 만나기로 했다. 대체 왜 그렇게 사는지 너무나 궁금했다.

"무더운 어느 여름날, 양산 계시다는 말을 듣고 무작정 찾아 나섰어요. 땀을 뻘뻘 흘리면서 그늘을 찾아 헤매면서 3시간을 기다려 밴드장님을 만났죠. 많은 얘기를 나누었고 많은 궁금증이 풀렸습니다. 그래서 공제회에 가입하고 같이 활동하게 됐습니다. 소통과 공감을 할 수 있는 동료들을 만나게 된 거죠. 그때부터 하루하루가 되게 즐겁고 재미있어지기 시작했습니다."

그는 일전에 주변 기사에게서 '동승 씨처럼 젊고 건강한 사람이 굳이 왜 대리기사 일을 하느냐'는 얘기를 들었다. 노골적으로 '젊은 사람이 뭐 한다고 대리기사 일을 하노. 이거는 나이 든 사람들이나 은퇴한 사람들이나 퇴물들이나 하는 일이지!' 라며 버럭대는 사람조차 있었다. 이전 같으면 조용히 수긍했을 말이지만 이제는 다르다. 그런 말하는 사람에게 이렇게 반문한다.

"대리기사 일을 누가 해야 되나요? 정해져 있는 건가?"

그 주변에 단순히 힘든 노동을 하기 싫어서, 그냥 운전하는 일이니까 하는 사람은 거의 없다. 직업적인 사명감을 가지고 일하는 사람들도 많다. 음주운전 방지하고 안전 귀가를 책임지는, 사회안전망 구축의 최일선에서 일하는 직업이라는 '공식적인' 멘트를 듣는다. 그런데 말이다, 그런 일을 하는데 왜 대리운전법 하나가 없는가. 사회안전망 노릇을 하는 사람들에게만 없는 사회안전망이라니! 너무나 당연한데 바로 그 당연함이 배제된 현실이 동승 씨로 하여금 나서게 만들었다.

늦장가를 간 그는 '예쁘고 착한' 아내와 '눈에 넣어도 아프지 않을' 다섯 살배기 아들과 산다. 이 가족과 행복하고 건강하게 잘 사는 게 인생의 가장 큰 계획이고 목표였다. 그랬는데, 이제 이 목표를 수정하게 됐다.

"그런 좋은 아빠보다는 우리 아내와 아들이 좀 자랑스럽게 생각할 수 있는 그런 아빠가 이제 가장 큰 계획이고 목표입니다."

'말로 다 할 수 없을 만큼 사랑하는'(동승 씨 표현이다) 아내가 이 수정된 목표를 지지하고 응원해주고 있다. 활동 덕에 줄어든 수입을 미안해하면 '우리가 조금 덜 쓰고 조금 아끼면 된다'며 거꾸로 격려한다. 사랑하는 신랑이 좋아하고 만족해하고 늘 웃으면서 하는 일인데 어떻게 지지하고 응원하지 않을 수 있겠는가, 한다.

카부기상호공제회 초대회장 동승 씨가 열어갈 대리판의 미래는 어떤 모습일까? 누구도 모른다. 다만 그가 사랑하는 아들 지후에게 들려주는 이야기로 짐작할 따름이다.

"우리 아들한테는 아빠가 행복하게 해주고 싶다고 꼭 얘기하고 싶고요. 우리 지후가 원하는 거 다 사주고 하고 싶은 거 다 해줄 수는 없지만, 그래도 아빠가 좀 좋은 사람이라는 걸 꼭 알려주고 보

여주고 싶습니다. 그게 아빠로서 지후한테 해줄 수 있는 가장 큰 게
아닐까 합니다. 우리 지후도 건강하고 행복하게, 그리고 좋은 사람
으로 잘 자랐으면 좋겠어요."

아빠가 나온 유튜브 채널 화면을 보면서 활짝 웃는 지후(5살).

동승 씨는 "원하는 것을 모두 다 해줄 수는 없더라도, 아빠
가 좋은 사람이라는 건 꼭 보여주고 싶다. 그게 아빠로서 해
줄 수 있는 가장 큰 게 아닐까. 건강하고 행복하게 그리고
좋은 사람으로 자랐으면 좋겠다."고 한다.